新时代青少年
劳动教育实践手册

XINSHIDAI QINGSHAONIAN
LAODONG JIAOYU SHIJIAN SHOUCE

景通桥◎主编

中国纺织出版社有限公司

内 容 提 要

本书由浅入深地介绍了我国劳动教育的发展历程、传统农耕工具的演进过程、一些农村生活用品的名称和用途、科技知识在现代生活中的运用，并对春种、秋收的整个过程进行了讲解。全书采用了实物图片与文字结合的形式，为广大青少年开启了劳动教育之窗。

本书注重理论与实践相结合，强调劳动教育及劳动实践的意义和方法，帮助广大青少年做到“知行合一”，是一本指导广大青少年开展劳动教育实践活动的实用书籍，对于青少年的心智磨炼和人格培养具有一定的意义。

图书在版编目（CIP）数据

新时代青少年劳动教育实践手册 / 景通桥主编. -- 北京：中国纺织出版社有限公司，2022.1（2022.12重印）

ISBN 978-7-5180-9003-7

Ⅰ. ①新… Ⅱ. ①景… Ⅲ. ①劳动教育—青少年读物 Ⅳ. ① G40-015

中国版本图书馆 CIP 数据核字（2021）第 208164 号

责任编辑：向连英　　责任校对：高　涵　　责任印制：何　建

中国纺织出版社有限公司出版发行

地址：北京市朝阳区百子湾东里A407号楼　邮政编码：100124

销售电话：010—67004422　传真：010—87155801

http://www.c-textilep.com

中国纺织出版社天猫旗舰店

官方微博 http://weibo.com/2119887771

三河市宏盛印务有限公司印刷　各地新华书店经销

2022年1月第1版　　2022年12月第3次印刷

开本：787×1092　1/16　印张：6.75

字数：122千字　定价：38.00元

编写委员会

主　编

景通桥　青少年综合教育（甘肃）实践基地

副主编

刘金荣　兰州大学
翟向军　兰州市中小学生综合实践基地
王旭霞　兰州市教育局
王子锋　兰州新区第二初级中学
王亚东　兰州市第十一中学
李兰芳　兰州市第六十二中学

编　委

韩元明　兰州市中小学生综合实践基地
康建芳　中国科学院西北生态环境资源研究院
唐玉海　兰州新区秦川镇中心小学
毛宝龙　青少年综合教育（甘肃）实践基地
董淑红　青少年综合教育（甘肃）实践基地
马　兴　兰州新区第二初级中学
景　阳　兰州市第五十三中学
张辉霞　会宁县文化旅游传媒有限公司
景小洲　中央财经大学
周天如　山东农业大学

序言 Preface

《新时代青少年劳动教育实践手册》一书，从理论高度和实践深度深刻阐述了劳动教育实践对于青少年人格养成、心灵塑造、心智磨炼的重要性，是一本难得的劳动教育好书籍。

2019年6月中共中央、国务院出台了《关于深化教育教学改革全面提高义务教育质量的意见》，其中有对加强青少年德、智、体、美、劳“五育”并举、全面培养社会主义合格建设者和接班人的顶层设计。强调加强劳动教育实践是必要的一环，是完善人格品质，促进素质养成，激发创新精神，培育时代新人，做到知行合一的重要途径和方法。

教育走进新时代，呼唤劳动教育。在我国儒家传统教育思想中，劳动是不受重视的。“学而优则仕”的传统，使得劳动教育在我国教育体系中一直没有位置。教育家蔡元培先生倡导“德、智、体、美、劳”五育并重，但是并没有写进当时教育的相关规定中。新时代是干出来的，“扎根中国大地办教育，同生产劳动和社会实践相结合，加快推进教育现代化、建设教育强国、办好人民满意的教育，努力培养担当民族复兴大任的时代新人，培养德智体美劳全面发展的社会主义建设者和接班人”，是中国教育走进新时代的必然要求。

通过劳动教育，让青少年回归本我。有研究表明，爱干家务的孩子与不爱干家务的孩子长大后相比：失业率为1∶15，犯罪率为1∶10，离婚率与心理患病率也有显著差别。走进互联网时代，一方面一些青少年迷失了价值取向、迷失了自我、迷失了人生，变得越来越浮躁，妄想着一夜暴富、一夜成名，追求“短平快”的功利主义；另一方面一部分青少年基于自身能力、条件以及社会环境、工作压力等原因，被成功、成名、财富、幸福的梦想所击垮，认为这些离自己太遥远，没有了激情和梦想，失去了前进的动力和方向。通过劳动教育，能够让青少年在简单、踏实的劳动中找到安定感、满足感；在富于诱惑力的兴趣爱好中体会创造带来的成功乐趣、幸福感；在极具挑战性的创造性工作中，激发好奇心、满足感、成就感。如果青少年通过劳动教育实践，获得了踏实、安宁、创造的幸福感和成就感，也就不会迷失自我，社会、学校、家庭也就会更加安定和谐。

通过劳动教育，提升青少年的创造力。中国是一个富有创造力的国家，中国古代的四大发明，为人类从远古走向文明作出了巨大贡献。走进新时代，中国呼唤再造创新力、弘扬匠人精神。青少年是中华民族走向伟大复兴的希望，因此创造、创新、创业要从重视青少年劳动教育实践抓起，构建家庭、学校、社区、社会的劳动教育一体化教育体系，创造“劳动最光荣、劳动最崇高、劳动最伟大，劳动最美丽”的社会氛围，充分利用劳动教育实践这一沃土，把青少年培养成为具有强烈创新意识和多元兴趣爱好的未来社会公民。

温孚江

2021 年 9 月于济南

前言 Preface

一个人想要在自然和社会中生存，就必须参加劳动。对于人类个体来说，这是生存的必要条件；对于一个家庭来说，这是改善家庭成员生活的手段；对于整个国家来说，这是促进社会发展的重要力量。无论从哪个角度来看，劳动都是至关重要的。

那些取得伟大功绩的人，都经历了艰辛的劳动，他们始终不懈地为了事业而努力，在创造出伟大功绩的同时，也完善了自己的人格。

稻盛和夫认为，一个人想要生活得好，就要把工作干得好。他所说的工作，就是劳动，人们在日复一日的劳动中不断提升自己、完善自己，最终实现自身价值，同时也促进了社会的发展。

劳动的真正意义不只是追求工作上的成绩，更为重要的是去完善人的内心。如果将人的心灵比喻为一块土地，那劳动就是在耕耘这片土地，你付出了多少努力，就会获得多少收获，这些收获并不仅仅是实实在在的物质收获，它还是更为宝贵、更具价值的精神收获。

2020 年 3 月 20 日国务院出台了《关于全面加强新时代大中小学劳动教育的意见》，同年 7 月 7 日教育部颁布《大中小学劳动教育指导纲要（试行）》，党和国家之所以如此重视劳动教育，是因为不能单纯地把劳动视为一种获取生活所需物质的手段，劳动中蕴含了磨炼心智和培养人格的重大意义，是人类借以提升心性、精进本领的重要手段。

高尔基曾说："世界上最美好的东西都是由劳动、由人聪明的双手创造出来的。"没错，古往今来的历史都证明了这一点，人类社会的一切都是由劳动创造的，物质财富如此，精神财富也是如此。

仅仅将劳动作为一种生存行为，是对劳动的一种狭隘理解。在物质文化极为丰富的今天，人们付出劳动所收获的价值已经远远超出了物质财富的范畴。劳动是推动人类社会进步的根本力量，也是促进个人全面发展的重要方法，其对于广大青少年来说尤为重要。

本书从理念与实践两个方面系统介绍了劳动教育及劳动实践的意义和方法。理念篇主要介绍了劳动教育的历史、概念、初心和意义，这是从理论角度对劳动及劳动教育进行了论述；实践篇则围绕劳动及劳动教育相关的各项内容展开论述，从劳动的防护类工具介绍，到劳动的应用类农器具使用，再到农耕、农田类工具的发展历史及耕作方法的普及，最后再以科技类劳动实践发明，及其他与劳动相关的物件的介绍收尾。

从理论到实践，涉及青少年劳动教育的方方面面，让广大青少年可以“知行合一”，更好地参与到劳动教育实践之中。

青少年综合教育（甘肃）实践基地

目录 Contents

理念篇

实践篇

理念篇

第一章　何为新时代

2017年10月18日，中国共产党第十九次全国代表大会在北京开幕。在党的十九大报告中，习近平总书记指出：经过长期努力，中国特色社会主义进入了新时代。

这个“新时代”是承前启后、继往开来的新时代，是继续夺取中国特色社会主义伟大胜利的时代，也是全面建设社会主义现代化强国的时代。在这个新时代中，全体中华儿女要继续为实现中华民族伟大复兴的中国梦努力，要不断为中国走向世界舞台，不断为全人类发展作出更大贡献努力。

近代以来，中华民族遭受了诸多磨难，在无数革命先辈的努力下，中华民族逐渐站了起来、富了起来。现在，中国特色社会主义进入新时代，中华民族强大了起来，中华民族的伟大复兴也迎来了光明前景。

在21世纪的中国，科学社会主义是指路明灯，中国特色社会主义进入新时代，科学社会主义也变得更具生机、更有活力。中国特色社会主义道路、制度和文化不断获得发展，为世界各国独立自主发展，为解决人类问题提供了中国方案。

中国特色社会主义进入新时代，中华民族伟大复兴的中国梦也进入了新的阶段，改革开放不断深入，建设富强、民主、文明、和谐的社会主义现代化强国的目标也必将实现。

第二章　劳动教育的历史

19世纪，马克思曾提出了“教育与生产劳动相结合”这一全面发展思想，他认为：“未来教育对所有已满一定年龄的儿童来说，就是生产劳动同智育和体育相结合，它不仅是提高社会生产的一种方法，而且是造就全面发展的人的唯一方法。”

笔记

新中国成立后，马克思主义的“教劳结合”思想在中国共产党手中发扬光大，共产党人将其作为党的教育方针纳入国家宪法之中，并通过创造性的实践完善并丰富了这一思想。

新中国成立之初，“爱劳动”便被定为“五爱”国民公德之一，生产劳动是学生必须主修的课程，学校会组织学生下乡进厂参加农业劳动，一些有条件的学校，还会专门建设实验园地和工厂，对学生进行有针对性的生产劳动教育。

1978 年，现代经济技术的发展，对“教育与生产劳动结合”的要求变得更高，党和国家提出了一系列内容与方法，推动“劳教结合”思想不断取得新的发展。

2010 年，社会实践在劳动教育中的重要性越发显著，综合素质的提升成为个人发展的关键能力，党和国家提出了“丰富社会实践，加强劳动教育，着力提高学习能力、实践能力、创新能力，提高综合素质”的要求。

2020 年，中国特色社会主义进入新时代后，劳动教育成为新时代国家人力资本战略的重要组成部分，全面贯彻落实“新时代劳动教育实践活动”成为新时代劳动教育的主要内容。

第三章　劳动教育的概念

2018 年 9 月 10 日，习近平总书记在全国教育大会上提道：“要在学生中弘扬劳动精神，教育引导学生尊尚劳动、尊重劳动、懂得劳动最光荣、劳动最崇高、劳动最伟大、劳动最美丽的道理，长大后能够辛勤劳动、诚实劳动、创造性劳动。”劳动教育再次成为教育工作的重点，但从当前我国的劳动教育实践来看，教育工作者们对劳动教育本身的内涵及特征的理解也是各有不同。对此，重新梳理并解释劳动教育的一些基本概念，便成了我们开展劳动教育必须开展的基础工作。

一、劳动、实践、活动

（一）劳动、实践、活动的一般含义

“人类特有的基本的社会实践活动，也是人类通过有目的的活动改造自然对象并在这一活动中改造人自身的过程”，这是《中国大百科全书哲学卷》对劳动的定义。作为人类实践活动的一种特殊形式，劳动既是一种创造物质财富的活动，也是创造精神财富的活动。而在经济学理论中，劳动通常被认为是劳动力的支出和使用。

实践也是一种活动，是人们能动地改造和探索现实世界一切客观物质的社会性活动，既包括改造自然的物质活动，也包括改造社会关系的社会活动，还包括一些探索未知奥秘的科学活动。人是实践的主体，人们通过自己创造的各种工

笔记

具，来改造一切客观对象，这是一个主观见之于客观的过程。

活动是一系列有目的的动作的总和，由目的、动机、动作和共同性构成。从广义角度来说，活动可以指代人类的所有运动形式，无论是物质实践活动，还是思维或精神的运动，前面提到的劳动和实践都可以归入活动之中。

总的来说，活动、实践和劳动，是一种由前到后的包含关系，劳动属于社会实践活动，是社会实践的一种特殊形式。

（二）劳动、实践、活动的教育含义

在教育学中，劳动、实践、活动与“劳动教育、社会实践活动、活动课程”相对应，关系密切，通过了解这些概念，可以帮助我们更好地理解劳动、实践、活动的教育含义。

促进学生劳动价值观[1]的形成，培养学生的劳动素养[2]，这些都是“劳动教育”的基本内容。除了“劳动教育”外,“劳动技术教育”及“通用技术教育”也与劳动有着密切关联。

“劳动技术教育”主要指的是劳动技术的学习，与职业发展关联较为密切；“通用技术教育”的重点则在“通用技术”，而并不在劳动本身。相比于“劳动教育”面向所有教育对象,“劳动技术教育”和“通用技术教育”的受众和内容都要更集中一些。

“社会实践活动”是一种了解社会、服务社会的教育活动，通过学校组织、单位组织的方式，以志愿者身份深入社会进行采访、调查，或是体验劳动。大多时候,“社会实践活动”更多锻炼学生的德育水平，很多学校也会将这种教育活动作为学生德育培养的主要手段。

“劳动课程”是指根据具体劳动场景和工具实物编制的劳动过程体验教学参考资料，是一种具有综合性、开放性和针对性的劳动教育内容体系，其一般由劳动对象、劳动工具和劳动方法组成。

劳动作为学生参与社会实践活动的形式之一，其与实践都将教育活动所要养成的素养作为培育目标，具有基础的教育含义和教育价值；而活动的教育含义更多表现在一种更为普遍的教育活动状态中，指向教育活动的形式和结构安排等内容。

二、劳动精神、劳动价值、活动素养

（一）劳动精神

“劳动精神”主要指人们对劳动的热爱态度，以及在劳动过程中表现出来的积极人格特质。2020 年 11 月 24 日，习近平总书记在全国劳动模范和先进工作者

❶ 即确立正确的劳动观、积极的劳动态度、热爱劳动和劳动人民等意识。

❷ 有一定劳动知识与技能、形成良好的劳动习惯等。

表彰大会上，将劳动精神总结为“崇尚劳动、热爱劳动、辛勤劳动、诚实劳动”四个方面的内容。

（二）劳动价值

在经济学中,“劳动价值”是一种特殊的使用价值，是劳动力这种特殊商品所产生的使用价值；而在教育情境中，“劳动价值”则主要包括“劳动的价值”和“劳动对教育的价值”两个方面的内容，前者更多是在说劳动对人类生活的积极作用，后者则是在说劳动通过教育促进人类全面发展。

在教育活动中，“劳动价值”与“劳动价值观”虽有关联，但所指向的内容却有所不同。“劳动价值观”是人们对劳动价值的主观认识，与劳动价值本身无关。培育“劳动价值观”，更多是要让学生去认识劳动价值，其要比仅培养学生的“劳动精神”重要得多。

劳动价值观的形成，需要社会大众对劳动价值的认可，如果整个社会没有尊重劳动的舆论氛围，那么学校的劳动教育就会无从展开。想要解决这一问题，学校必须与家长和社会合作，通过完善劳动分配机制，创造尊重劳动的舆论氛围，让当代劳动教育取得实效。

（三）劳动素养

“素养”与“素质”虽然意思相近，但二者概念却不相同。“素质”具有先天性，更多是指事物本来的性质，心理学上的素质更多是指人的生理特征。而“素养”是后天养成的人格品质，与品德有很大关联。

“劳动素养”便是一种与劳动相关的日常修养，会在日常生活和教育活动中逐步形成，主要包括劳动价值观（态度）、劳动知识与能力等方面的内容。

三、劳动教育概念的基本内涵与基本特征

（一）劳动教育的基本内涵

“劳动教育”以提升学生劳动素养，促进学生全面发展为主要目的，是一种综合性教育活动。从“劳动价值观”的角度去考量，也可以将其看作是“帮助学生树立正确劳动观、形成良好劳动习惯的教育活动”。

在促进学生劳动价值观形成方面，“劳动教育”可以发挥积极作用：首先，“劳动教育”可以帮助学生确立正确的劳动观，摒除好逸恶劳的生活作风，养成积极劳动态度；其次，“劳动教育”可以让学生更尊重、热爱劳动，珍惜劳动成果。

在良好劳动素养养成方面，“劳动教育”也能发挥积极作用：首先，“劳动教育”可以让学生掌握必要劳动知识和劳动技能，让学生更为全面地发展；其次，“劳动教育”可以让学生的劳动更具创造性，让他们成为新时代的创造性劳动者；最后,“劳动教育”可以让学生养成良好的劳动习惯，一步步成为有尊严、有教养

的社会主义接班人。

（二）劳动教育的基本特征

从提升学生劳动素养和促进学生全面发展的角度来看，劳动教育具有以下几个基本特征。

1. 劳动教育具有普通教育的属性

开展劳动教育是在落实全面发展的教育方针，所以劳动教育从最初开始便具有普通教育的属性。这种“普通教育”属性，可以覆盖各个教育类型的教育活动，从幼小阶段，到初高中阶段，再到职业教育，都离不开劳动教育。在针对青少年儿童的基础教育中，尤其需要劳动教育。

2. 劳动教育具有价值教育的属性

劳动教育不同于“通用技术教育”，其不强求对基础技术能力的掌握，而是更注重对学生劳动素养的培养。劳动教育中的“劳动素养”，既包括劳动习惯的形成以及劳动知识技能的掌握，还包括劳动价值观的内容，而后者正是劳动素养的核心内容。从这一角度来说，劳动教育又具有价值教育的属性。

从外在表现来看，开展劳动教育离不开具体的劳动以及专项劳动技术的学习，但真正有价值的劳动教育，应该将核心目标放在培养学生的劳动价值观上，让学生更积极地劳动、更尊重劳动、更热爱劳动、更珍惜劳动成果，只有这样的劳动教育，才是真正有意义的劳动教育。

3. 劳动教育具有强烈的时代特征与社会属性

随着时代的发展变化，人类劳动的形态也在不断变化，越来越多的体力劳动被智能机器所取代，整个社会越来越依赖于脑力劳动创造价值。传统的劳动教育主要以体力劳动为主，虽然这种体力劳动并不是简单的体力劳动锻炼，但也不再适应当代社会的要求，为此，当代的劳动教育应当创造各种条件让学生去多参加一些创造性劳动，这种劳动教育方向的转变，正是由劳动教育的时代特征与社会属性所决定的。

通过前面的论述可知，当代劳动教育具有一些有别于其他教育形式和传统劳动教育的区别，具体来说主要表现在以下几个方面：首先，劳动教育的根本在于通过劳动促使人们形成全面发展的人格，这是一般性的活动和实践所不能实现的；其次，劳动教育虽然以具体劳动和劳动技术学习为外在表现，但其并不等同于具体的劳动技术学习，其核心目标是对劳动价值观的培养；最后，那些将劳动教育等同于体力劳动锻炼的观念、思维是错误的，在中国特色社会主义新时代中，劳动教育的观念和实践都需要与时俱进，不能再停留在过去。

笔记

第四章　劳动教育的初心

一、何为“五一”

“五一”节，又称“五一国际劳动节”“国际示威游行日”。1889 年 7 月 14 日，由恩格斯领导“社会主义国际”（第二国际）在巴黎召开第一次代表大会，大会将 5 月 1 日这一天，确定为国际劳动节。

当前，世界上仍然有 80 多个国家将“五一”节设定为全国性节日。1949 年 12 月，我国将 5 月 1 日确定为“劳动节”，并从 1989 年起，每 5 年开展一次表彰活动，每次都会表彰数千名全国劳动模范和先进工作者。

二、你的“五一”是怎么过的

赏花、远游，在游人如织、人头攒动的场面里，你思考过“五一”节与其他节日的本质不同吗？

“五一国际劳动节”设立的初衷有两个，一是通过示威游行的方式为劳动者争取合法权益，二是对劳动及劳动者的价值进行肯定与褒奖。但从现在的“五一”来看，“节日”的氛围显然要比“劳动”的氛围更浓烈一些，现在的“五一”节已经变成了一个纯粹的全民休闲假期。

与“五一国际劳动节”的转变相似，学校的劳动教育也或多或少发生了一些改变，这一变化应当引起家长和教育工作者的足够重视。

（一）劳动教育转变为技艺学习

一些学校会将教孩子制作手工，如陶艺、剪纸，作为劳动教育的全部。诚然，这确是劳动教育的内容，但学校在教育孩子做手工时，除了为孩子讲解手工技巧外，是否对材料的节省和手工劳动的价值进行了讲解？是否从更多方面去培育学生的劳动价值观呢？至少从当前来看，学校在这方面所付出的努力还是有所不足的。

（二）劳动教育转变为休闲娱乐

为了帮助学生们缓解学习压力，一些学校会组织学生开展“劳动教育”活动，既让学生能在刻苦学习之余得到放松，又让学生们能够接触一些劳动技能。但在这种背景下开展的劳动教育，多半会演变成一种纯粹的娱乐活动，学生们走马观花式地来工厂转一圈，去农田走一走，形式上的劳动有了，其中的教育意义

笔记

却少了很多。

很显然，这种“劳动教育”偏离了劳动的本质与初心，学生们可能确实会得到放松，但他们很难在这个过程中对于劳动、劳动成果和劳动者产生起码的敬畏。这种“劳动观光”式劳动教育并不能算作劳动教育，也不会形成劳动教育的真正价值。

（三）劳动教育转变为惩罚手段

将劳动作为一种惩罚手段，可以算是劳动教育最恶劣的转变，但在中国社会中，这种现象却并不少见。支持以劳动作为惩罚的人认为，用劳动替代惩罚，能够规避掉体罚所引发的争议，还可以让学生获得一定的劳动教育，是一个一举两得的教育手段。这也是为什么每当有学生犯错时，老师就会要求他们“擦一周黑板”或“打扫一周卫生”。

持有上述观点的人忽视了劳动的正向性。劳动教育本是具有正面价值、积极意义的一项教育活动，如果将其作为惩罚手段来使用，很容易让被处罚者认为劳动就是被强制剥夺自由的活动，让他们产生消极的劳动观念，将劳动视为一种痛苦的、能够逃避就尽量逃避的活动。一旦学生们将劳动当作是负面的体验，那再好的劳动教育也无法对其起到正向的、积极的作用，如此，学生的劳动素养如何提升，劳动精神又如何养成呢?

第五章　劳动教育的意义

“生活靠劳动创造，人生也靠劳动创造……通过劳动播种希望、收获果实，也通过劳动磨炼意志、锻炼自己。”这是习近平总书记对于少年儿童的殷切希望，其展现了劳动教育对少年儿童成长的重要意义。劳动教育可以有效提升中小学生综合素质，更可以为他们未来的幸福人生打下坚实基础。

一、以劳立德

劳动教育可以立德树人，促进学生全面发展。品德的培养不是一朝一夕就能做成的事，需要在长期的社会实践、劳动实践中，不断积累经验、磨炼意志。劳动教育以塑造人格、完善品德、培养价值观为目标，既是“立德”的重要内容，也是“立德”的重要途径。

笔记

劳动开创未来，奋斗实现梦想，劳动教育可以促进学生形成勤俭节约、认真负责、团结协作、积极乐观的优良品质，使其成为全面发展的人。在这一基础上，劳动教育对于青少年践行社会主义核心价值观，传承中华优秀传统文化，实现中华民族伟大复兴的中国梦也会起到重要作用。

二、以劳增智

劳动教育可以培养学生的创新思维和创造能力，学生在劳动中既要动手，又要动脑，在完成劳动的同时，也锻炼了手和脑。重视学生的劳动教育，可以从让他们自己做成一件产品开始，如小板凳、小书架，让他们自己设计、自己制作，老师和家长可以从旁辅助，帮助他们克服困难，这个过程便能培养并提升他们的创造能力。

由此可见，劳动教育不仅能培养学生的生活技能，而且能促进他们的体力发展和智力发展，让他们更乐于去实践，更敢于去创新，同时也能让他们对劳动者、创造者产生应有的敬畏与敬仰。

三、以劳强体

体力劳动是劳动教育中的一项内容，需要学生们展现出顽强的意志和毅力，才能顺利完成。如果想要获得好的成果，那他们还需要更加努力、更加认真才行。在顺利完成体力劳动的过程中，学生的自信心、自豪感和责任心会得到极大的增强，更重要的是，在这个过程中，他们的身体也得到了应有的锻炼。

四、以劳育美

劳动教育可以培育学生的劳动审美观，在劳动之中，学生们可以发现美、体验美、鉴赏美，获得美的享受，也掌握创造美的能力。好的劳动教育会极大提升学生的审美能力和人文素养，让学生们更了解大自然，也更了解整个社会。

劳动最光荣、劳动最崇高、劳动最伟大、劳动最美丽，只有让学生通过劳动教育认识到劳动的价值，学校才能顺利实现以劳育美、以美育人的目标，才能让学生得到更为全面的发展。

劳动教育对于青少年的成长，是一件意义重大、影响长远的事情，因此，不仅老师和学生要了解劳动教育的重要性，社会也要形成对劳动教育的思想认同。那么，在普遍认同劳动教育非凡价值的基础上，我们又该如何开展劳动教育实践呢？这将是我们下面要解答的问题。

实践篇

第六章　防护类

课程一：帽子的前世今生

（一）帽子的起源和发展

帽子的起源很早，在上古时代人们就已经认识到对头脑保护的重要性，因此在劳作时，会选择用树条、草绳、木片等材料包裹住头部，以免划伤、晒伤。

到了农业时代，植物纤维制成的帽子开始出现，那时帽子被称为“头衣”，“头衣”又称元服，有“头上的衣服”之意。古人的“头衣”有巾、幞、头、冠等几种，而这些都是我们今天帽子的早期雏形。

古代的“帽子”多种多样，不同朝代、不同身份地位的人，在选择“帽子”时，也会有所不同。比如贵族的帽子是“冠”，天子的帽子是“冕”，庶人就只能用布巾来做帽子。现代的帽子多是圆顶形，戴着方便，摘下来也容易。如图 2-6-1 所示。

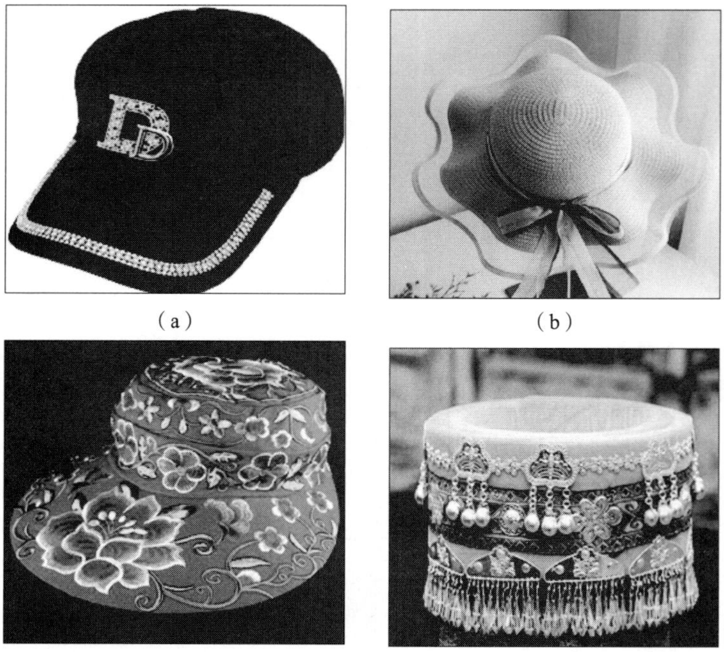

（a）　（b）　（c）　（d）

图2-6-1　丰富的帽子样式

笔记

帽子的起源与发展历程，也是古人认识自然、改造自然的过程，从最初的实用性功能，逐渐演化为审美体验，是人类不断适应自然、适应社会发展的表现。从某种意义上来说，社会环境、风土人情等自然和社会条件的变化，都推动了帽子的发展。

春秋战国以前，人们所戴的帽子多是皮制的，说明狩猎动物，并以兽皮制作帽子的技艺，在当时已经非常成熟。

秦汉以前并没有“帽”这个字，也没有“帽子”这种说法，当时的人们将帽子称为“头衣”。

秦王朝建立后，封建等级制度开始出现并深刻影响了人们的思想与生活，帽子的种类也一下子多了起来。有身份、有地位的人会戴冠、冕、弁，普通百姓甚至没有戴帽子的资格。

晋代对于帽子的限制变得没那么严格，大多数人都可以戴帽子。其实，早在三国时期，官方对于帽子的管束就放松了很多，在非公共场合可以随意选择帽子，但到了公共场合，却还是要按规定选择与自己身份相匹配的“冠”和“帻”。

（二）帽子的种类

我国古代帽子的种类非常丰富，不仅不同朝代的帽子各有不同，同一朝代不同时节、不同场合的帽子也会有所不同。

魏晋南北朝时期，人们常用的帽子主要有突孙帽、大帽子、白纱帽、乌纱帽、皂帽等。

唐宋时期，人们常用的帽子则是席帽、浑脱帽、毡帽、压耳帽、风帽、妇女戴的帷帽、胡帽等。

明清时期的帽子更具特色，主要有棕结草帽、遮阳大帽、圆帽、鹅帽、堂帽、巾管帽、瓦楞毡帽、小帽、卷檐毡帽、皮帽、狗头帽、凉帽等。

【乌纱帽】

光看名称就能知道，乌纱帽是一种用黑色的纱制作而成的帽子。但值得注意的是，不同朝代的乌纱帽，在具体形制上却是有所不同的。

在隋朝以前，帝王戴白纱帽，大臣和宦官们才戴乌纱帽；到宋代，四脚幞头兴起，旧有的乌纱帽逐渐被废止，幞头乌纱帽开始盛行。由于这种幞头帽也是用乌纱制作的，所以人们仍称其为乌纱帽。有意思的是，宋代乌纱帽的帽翅平展，像两个张开的手臂一样，拉开人与人之间的距离，据说这样可以防止大臣们在朝堂上窃窃私语。

到了明代，官员戴的乌纱帽变成了前低后高的台阶形，两翅为牛舌形，宽寸余，长五寸。由于明代只有官吏才能戴乌纱帽，故后世将乌纱帽作为官帽的代称。现在大多数影视剧中出现的乌纱帽，多是明代乌纱帽的形制。在清朝时，乌纱帽退出了历史舞台，顶戴花翎成为官员们的“新帽子”。

笔记

（三）中国帽子发展的意义

在古代，帽子往往能够体现出一个人的身份等级，皇帝的帽子必然是最为高贵的，谁要是敢与皇帝戴一样的帽子，那便是做了“僭越”之事，被抓到可是会掉脑袋的。

在中华民族五千年的历史长河中，帽子的形制发生了很大变化，不同朝代都有其独特的帽子文化，现在流传下来的各式各样的古代帽子，都是中华传统文化的重要组成部分，是需要后人继承和发扬的中华文化。中国帽子的发展，在更深层次上也展现了中国社会的发展、文化的发展，这种“从头开始”的变化，也成为中国不断向前发展的一个重要外在表现。

（四）帽子在现代社会的发展

1. 时尚潮流的指标

20 世纪最著名的女性设计师，CHANEL 品牌创始人香奈尔女士曾经说过：“帽子是人类文明开始的标志。”在现代社会中，帽子已然成为时尚潮流的指标，一顶设计精美的帽子，可以瞬间提升一个人的时尚气质。

2. 随心所欲的装饰

帽子在现代社会还起到装饰、美化的作用。现代人将帽子戴在头上，一方面遮挡住不规则的发型，给人一种整齐、干净的感觉；另一方面与着装、配饰相互配合，能够在不同场合展现出不同的风姿，给人以不同的美感，如正式场合的礼帽、运动时的鸭舌帽等。个人根据自己的喜好，随心所欲地变换不同的帽子，更体现出不同的人对于自身装饰风格的追求。如图 2-6-2 所示。

（a）　　　　　　（b）

图2-6-2　现代帽子

笔记

课程二：手套的前世今生

（一）手套在中国的起源

早在战国时期，“手套”便已在我国出现。1973 年 3 月，在湖北江陵藤店 1 号楚墓中，除了出土了“越王剑”之外，还出土了一双皮手套。

这双皮手套有28.5厘米长，为五指分开形制，套口比较长，跟现代手套的样式基本相同。从墓主人的身份和一些典籍资料来判断，这种手套并没有在当时普及使用，只有少数贵族能够用上这种手套，平民基本使用不到。

手套在古代中国的应用并不像帽子那样广泛，主要是因为古人的服装多为宽袍大袖可以满足双手的保暖需求，基本不需要用手套。即使是在行军、打猎之时，也很少会用手套。

除了湖北省江陵县出土的战国中期的皮手套外，长沙马王堆汉墓中还出土了丝绣无指手套，如图 2-6-3 所示。

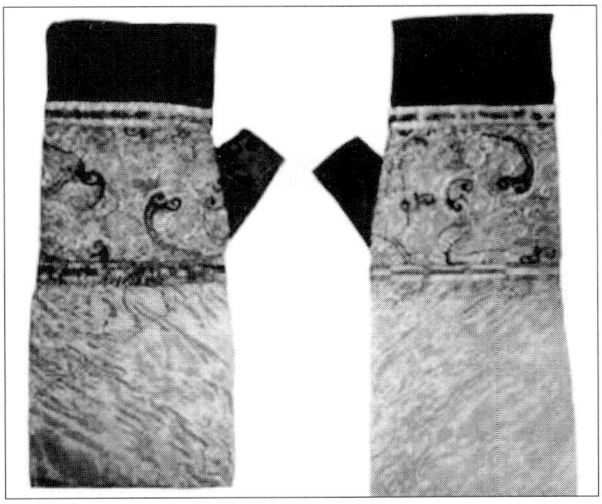

图2-6-3　长沙马王堆汉墓出土的丝绣无指手套

（二）手套在国外的起源和发展

相比于古代中国人，古罗马人更喜欢在行军、打猎时佩戴手套。古罗马的一些贵族和武士经常会到野外打猎，很多时候他们还会带着自己的猎鹰，为了防止被猎鹰的脚爪抓伤，他们通常会在手上佩戴一只臂口较长的手套来保护皮肤。

随着社会的发展，手套在西方世界的作用开始逐渐变化，不仅打猎的人会用到它，一些从事生产性劳动的工人也会用它来做防护。而在一些气候较为寒冷的地区，人们则会用较厚的手套来保暖。

大约从 13 世纪开始，欧洲女性开始将手套作为自身装饰的一部分，她们通

笔记

常会选择亚麻布或丝绸质地的手套，以其覆盖手部，甚至是手腕或肘部。一些别出心裁的商家会推出用动物皮革制成的手套，为了掩盖皮革的味道，他们会将这种手套浸泡在特殊的香水中，使其沾染上更为特殊的味道。在较长一段时间里，这种有独特香味的皮手套成了欧洲女性的首选装饰品。

在当时，不仅女性会佩戴装饰手套，一些男性贵族也会佩戴装饰手套，以凸显自己的身份。即使在现在，西方许多地区还流行着在正式场合佩戴手套的传统。比如，西方的职业军人会佩戴白手套，如果他们想与别人决斗，向对方丢手套是一种最好的激怒对方的方法。而在现在很多国家中，白手套已然成为军礼服的一个重要部分。

笔记

第七章 农器具类

课程一：铁锨与铁锹

（一）铁锨的原始作用

在石器时代，原始人类用石头制作了最早的翻土工具，虽然使用起来会有些吃力，但用来翻耕田地还是绰绰有余的。后来，随着人类文明的发展，金属矿物被发现，金属冶铁技术也得到较大发展，人们才制作出了铁制的锨和锹。

（二）铁锨和铁锹的主要区别

1. 形状不同

铁锨的形状是平口的，铁锹的形状为圆形尖口。如图 2-7-1 所示。

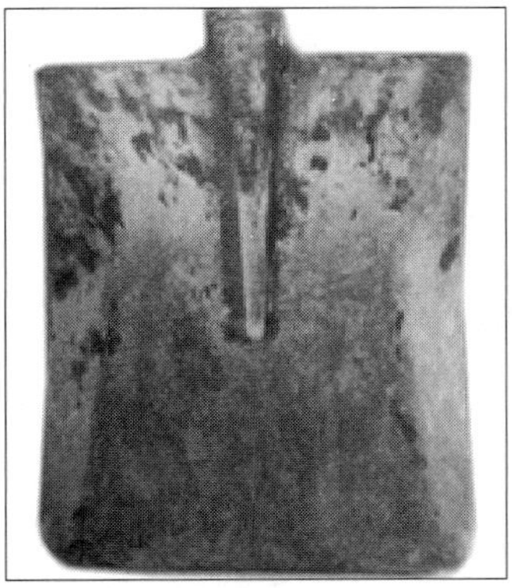

（a）铁锨

（b）铁锹

图2-7-1 铁锨和铁锹实物图

2. 作用不同

铁锨：平口的铁锨相对面积比较大，在使用时，撮起的东西会比较多，但用它来挖东西会非常费力。

铁锹：尖口的铁锹相对面积比较小，在使用时，撮起的东西虽然比较少，但用它来挖东西却要省力得多。

笔记

3. 用途不同

铁锨：多用来完成撮运工作，比如撮沙子、翻土、装卸车等。

铁锹：多用来完成挖掘工作，比如掘土、犁地、挖河、挑沟、铲雪等。

（三）铁锨与铁锹的使用方法（以铁锹为例）

铁锹使用方法见图 2-7-2。

第一步：左手握住铁锹柄的中部，大约膝盖上 10 厘米，右手握住铁锹柄的末端，左脚踩住铁锹，右腿起支撑作用，铁锹头与地面大约成 60 度角。

第二步：左腿沿着铁锹柄的方向倾斜向下用力（图 c），将铁锹踩进土里，右腿也被动向下用力。此时（图 d）弯腰，同时右腿微微弯曲，左手往上抬，右手往下压，把土往外铲（翻）。

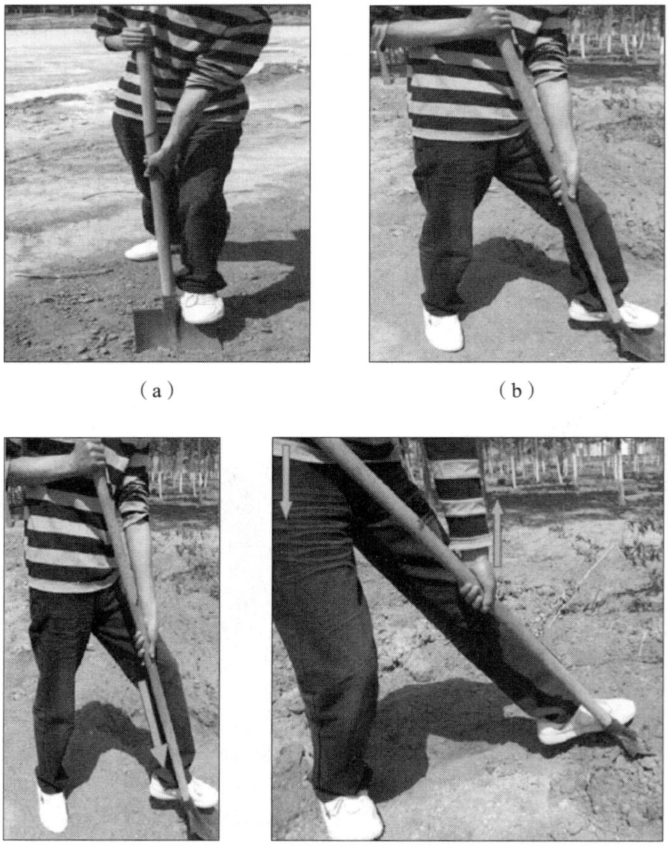

（a）　（b）　（c）　（d）

图2-7-2　铁锹操作图

笔记

（四）铁锨与铁锹使用中的物理原理（以铁锹为例）

向上用力时的杠杆原理（见图 2-7-3）。

（1）费力杠杆。杠杆平衡条件为动力乘动力臂等于阻力乘阻力臂，在杠杆平衡的条件下，动力（F_1）大于阻力（F_2），动力臂（L_1）小于阻力臂（L_2）时，杠杆则为费力杠杆。

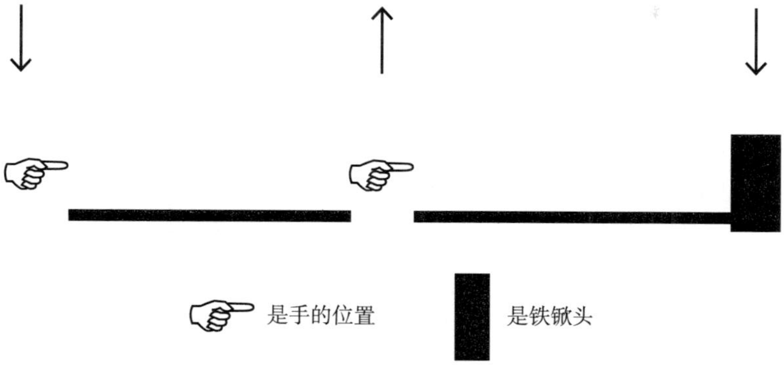

图2-7-3　铁锹向上用力时的杠杆示意图

特点：费力，省距离，动力臂比阻力臂短，动力比阻力大，可以把它叫作费力杠杆。公式如下：

$$L_1 \times F_1 = L_2 \times F_2,\ L_1 < L_2 \text{ 时，则 } F_1 > F_2$$

好处：费力杠杆节省了动力移动的距离。这样便可以保证一段距离移动很小，而使另一段的距离移动很大，从而达到预期目的。生活中筷子、扇子、钓鱼竿、汤勺及船桨等的使用都属于费力杠杆。

（2）省力杠杆。动力臂大于阻力臂，平衡时动力小于阻力。虽然省力，但是费了距离。当动力臂的长度（以支点O为分界线）大于阻力臂的长度时，便是省力杠杆。

设动力臂为L_1，阻力臂为L_2，当L_1大于L_2时为省力杠杆，即：

$$F_1 \times L_1 = F_2 \times L_2,\ L_1 > L_2,\ \text{则 } F_1 < F_2$$

生活中常见的钳子、撬棍、扳手、拔钉器、开瓶器、铁皮剪刀……这些工具的使用都属于省力杠杆，这些杠杆动力点一定比重力点距离支点近，所以是省力的。

图 2-7-4 为费力杠杆和省力杠杆示意图。

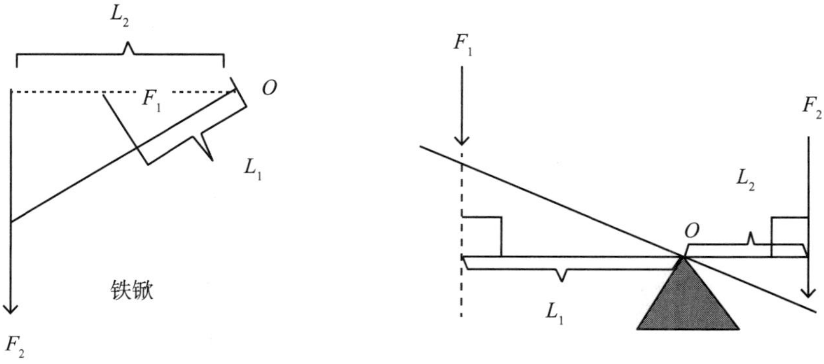

费力杠杆示意图　　省力杠杆示意图

图2-7-4　费力杠杆和省力杠杆示意图

笔记

（五）实践课考试题目

题目 1：

何为杠杆原理？

题目 2：

如图 2-7-5 所示，铁锹的使用方法是生活中常见的杠杆原理运用，请正确画出动力及动力臂。

图2-7-5 题目2

（六）题目答案

题目 1：

如图 2-7-6 所示，三角为支撑的地方，带箭头的线表示杠杆平衡要求力矩相等，右边的力臂长，左边的力臂短，所以左边的力就大于右边的了。

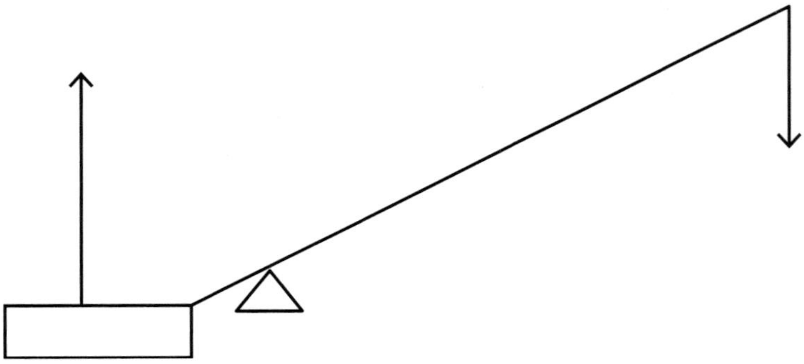

图2-7-6 答案1

笔记

题目 2:

用铁锹将土铲到其他地方时，它是一根费力杠杆（支点在前面的手上，阻力是地面，动力是后面的手），如图 2-7-7 所示。

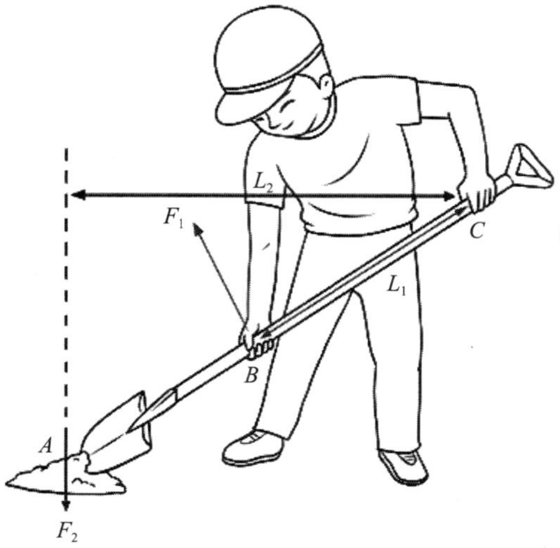

图2-7-7 答案2

课程二：四股钢铁叉子

（一）钢铁叉子的用途

钢铁叉子是农村常见的一种农用工具，其由铁叉（有些是木质）和手柄组成，手柄是竹竿或者木棍。农民常用叉子来翻晒禾草等农作物，还会用它来翻地或挖大葱。图 2-7-8 为农用钢铁四股叉子实物图。

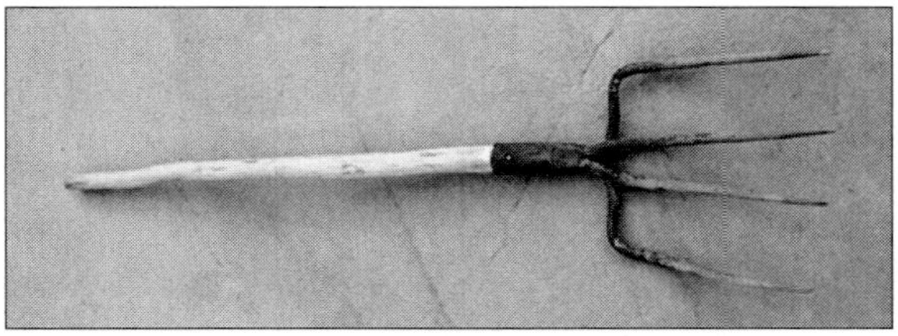

图2-7-8 农用钢铁四股叉子实物图

（二）钢铁叉子的起源

笔记

大禹“三过家门而不入”的故事可谓家喻户晓。他为了治理上古大洪水身先士卒、殚精竭虑，最后成功制住了滔天洪水，保住了人们的生存家园。如果仔细观察会发现，今天我们看到的有关大禹的画像中，有一样东西总是出现在他的手中——一把类似巨大音叉的奇怪工具。

其实，大禹手中的叉子叫做“耒耜（lěi sì）”，是先秦时期人们最常使用的农具，同时也是货真价实的“上古神器”。

耒、耜是两种长相类似的工具。耒是由一根被削尖的木头棍子与一段短的木头横梁组成的工具；耜则是由耒改良而来的，它将木头棍子的一个尖头改成两个，然后再将尖头改成扁头，我们可以看到，大禹手中拿着的东西就是耜。

相传耒和耜是炎帝看到野猪觅食而产生的创造灵感。他看到野猪将自己的獠牙插进泥土中翻找食物，就联想到人类也可以用这样的工具寻找食物。于是，经过实践创作，我们现在看到的耒和耜就这样诞生了。

论资排辈的话，耒和耜可算得上是犁的鼻祖，它们在作用上很是相似。在远古时期，人类文明刚刚开始萌芽的时代，耒耜就已经成为造福人类的第一批农具之一了。《易经》中说：“（神农）斫木为耜，揉木为耒，耒耜之利，以教天下。”《韩非子》中也记载：“禹之王天下也，身执耒臿以为民先。”从这两句话中我们可以看出，在炎黄二帝与尧舜禹时期，耒耜就已经成为先民们普遍使用的重要农具。

耒与耜不仅在形制上一模一样，就连作用也是如出一辙，所以在后来才会被人们逐渐合为一个词。后来，耜逐渐取代了耒的地位，成为人们常用的农具，而耒则变身成了汉字的偏旁部首，由它组成的字都明显能看出与农具有关，比如耕、耘、耙等字。图 2-7-9 为“耒”的字体演变。

图2-7-9 “耒”的字体演变

笔记

看到这里，或许大家会产生疑问，即便耒耜在当时是很好用的农具，但它们和治水有什么联系呢？

实际上，耒耜和大禹治水的方法有着内在的联系。根据《尚书》中记载：

“禹敷土，随山刊木，奠高山大川。”《诗经·长发》又载：“洪水芒芒，禹敷下土方。”另外青铜器“遂公盨”上的铭文也有记载：“天命禹敷土，掘山浚川，乃差地设征。”我们从遂公盨铭文等这些古老的文字中能够明确地得知大禹治水的方法：大禹将“堵水”和“疏水”两法并用，一面“堵水”，利用将山岗削平、从高川上挖土等方法取土堵水，另一方面“疏水”，通过疏通河道等方法去泄洪水。这奇妙的一来一去使得大禹的治水效果立竿见影。

那么耒耜在大禹治水中起到了何种作用呢？即就是作为帮助人们挖土的工具存在。在那个机械还没有被发明的年代，不论是堵水还是疏水，都需要靠人们自己用手一点一点挖掘，有了耒耜的帮助，才能事半功倍。

详细了解了大禹的治水事迹之后，当我们再次看到耒耜这种农具的时候，自然而然地在脑海中就浮现出了当年大禹带领先民们用耒耜挖土的情景，这无形中加深了我们对耒耜的印象。

课程三：镰刀

（一）镰刀的基本信息

1. 镰刀的形状（见图 2-7-10）

镰刀俗称割刀，是人们收割农作物的常用工具之一。它呈月牙状，刀口处有斜细锯齿，刀尾部位装木柄。一开始镰刀的木柄比较短小，后来随着实际劳作的需要，人们加长了镰刀的刀体、刀柄。

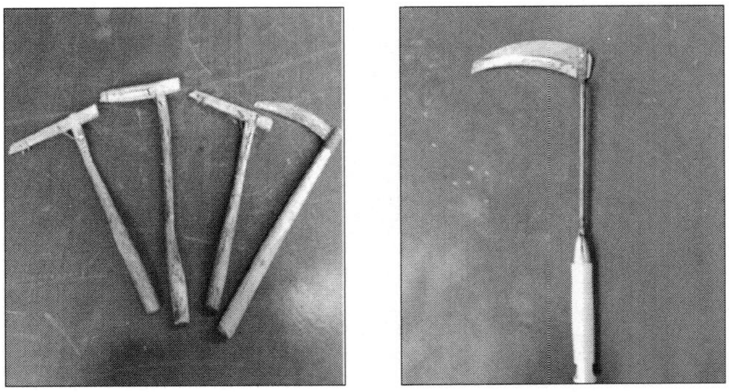

（a）　　（b）

图2-7-10　镰刀实物图

2. 镰刀的组成

镰刀是农民用来收割庄稼和割除杂草的农具。镰刀一般由刀片和木把两部分构成，刀片一般为月牙状铁制单面开平刃，也有特殊形制为锯齿状刃的。

笔记

3. 镰刀的象征意义

镰刀作为农民的象征，经常被画在国家或政党的旗帜上 。如中国共产党党徽就是镰刀和斧头组成的图案。

（二）镰刀的类型

镰刀有很多类型，比如窄扇镰刀、宽扇镰刀、月牙镰刀、小镰刀等。

不同类型的镰刀其形状不同，刀刃上面的刃齿也不同，甚至刀柄的长短也各不相同。比如有的窄扇镰刀就被设计成为“I”形，适合用来劈柴；有的月牙镰刀则是锯齿状弯月形，适合用来收割稻谷等。

在西方，人们也常常把弯曲的剑称为镰刀。在希腊神话中，人们将德墨忒尔（拉丁语 Demeter）看作是古希腊的丰产之神，她手中拿的就是镰刀。而她的父亲——克洛诺斯，是时间的创造力和破坏力的结合体，吞噬一切的时间，他的手中也紧握镰刀，于是，在西方人眼中，镰刀成为死亡的代表，那么死神将它作为武器也就是理所当然的了。

课程四：连枷

（一）连枷的含义

“连枷”也作“连耞”。

连枷是一种由一组平排的竹条或木条连接上木柄组成的农具，主要用于谷物的粗加工。农民们会使用连枷拍打谷物，从而使其脱粒。图 2-7-11 为连枷实物图。

《说文·木部》：“柫，击禾连枷也。”

宋朝范成大《秋日田园杂兴》诗之八：“笑歌声里轻雷动，一夜连枷响到明。”

明代徐光启《农政全书》卷二二：“（连耞）击禾器……其制：用木条四茎，以生革编之。长可三尺，阔可四寸。又有以独梃为之者，皆於长木柄头，造为擐轴，举而转之，以扑禾也。”

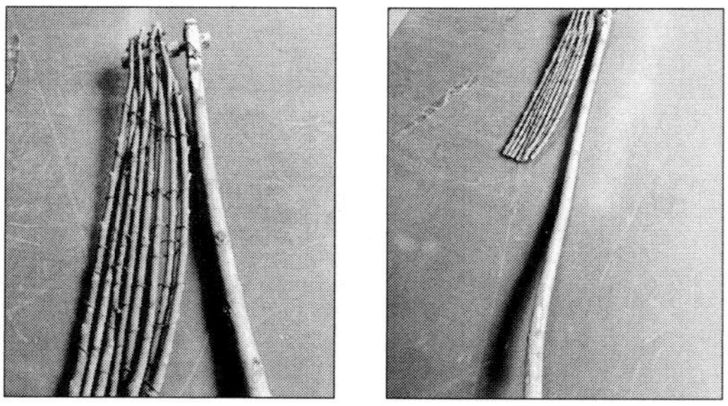

（a）　　（b）

图2-7-11　连枷实物图

笔记

连枷在南方也称调车，这是江浙某些地区的方言。它是指农村人们手工为粮食脱粒的工具，一般是由竹柄和敲杆两部分组成。在脱粒的时候，农民上下挥动竹柄，使敲杆就会绕轴转动，从而敲打麦穗使其表皮脱落。

（二）连枷的起源

“立夏三日连枷响，小满天天望麦黄”。连枷的历史悠久，根据历史考证距今已经 1200 多年。根据文献记载，连枷或起源于黄河流域，然后才传至长江流域及以南地区。

在 20 世纪 80 年代的农村，最早每年的三夏大忙时节，我们都能在每个生产队的大麦场里听到“啪啪”的打枷声，人们一起劳动，很快就能将小麦全部脱粒。

（三）连枷的使用

在打连枷时，人要双手握把，以右手在前；双腿分立，右脚在前。并且工作的时候一定要将连枷握紧，然后尽量把连枷头转得灵活且富有节奏，不然很容易打不转，而且还会将连枷打坏，见图 2-7-12 所示。

别看连枷的动作有些难，但其实只要掌握了要领，还是很方便的。首先，做好后拉和前扑两步。即先将连枷向后抽拉，随后站直双腿，举起双臂，提起连枷，让连枷的板端部向上提拉，将小麦扬起；其次，我们前腿屈曲，双臂向前挥动连枷，同时身体前倾，双臂挥动连枷快速扑下。只要这样抓住要领，多加练习，我们一定能熟练掌握打连枷的技术。

图2-7-12　众人打连枷

（四）连枷的用途

1. 农具

连枷常被人们用来做水稻、小麦、豆子、芝麻等农作物脱粒的工具。

2. 军事

连枷在古代主要用于守城，同时人们为了增加连枷的打击力，还会在其中包裹铁皮。

在唐代的时候，连枷在进行改造之后开始在军事活动中广泛使用，后来随着发展，骑兵也开始使用连枷作为武器。

另外告诉大家一个小秘密：其实我们今天使用的双节棍也是连枷的改良品。早在先秦时期，中原的人民就称连枷为“连梃”。《墨子·备城门》中说：“二步置连梃、长斧、长椎各一物；枪二十枚，周置二步中。”意思是说守城的时候，每两个步兵就配备一个连梃，这里的“连梃”就是指两根棍子连在一起的武器，其形状和我们今天的双节棍很相似。

清朝时期，连枷仍在军中广泛使用。清人吴伟业所著的《梁宫保壮猷记》中有记载：顺治十七年，清军与郑成功进行对战，郑军的士兵大多数都使用长刀，而清军则以连枷作为武器对敌，作战中不少郑军的刀被连枷击断了。

到了现代，连枷仍然是一种武术器械，它的别名叫梢子棍。

课程五：木锨

（一）木锨的释义

木锨是一种农事用具，它由一块方形的薄木板和长棍形状的木柄构成，通常人们会在木板的中间锯出一个空槽，然后将宽度与空槽一致的木柄插入其中，用钉子固定住，这样一个简单的木锨就完成了。

木锨的头比一般锨头更大、把更细，而且木锨本身很轻，所以在选择木板的时候，人们通常会更倾向于选择板质较软的梧桐木制作木锨。图 2-7-13 为木锨实物图。

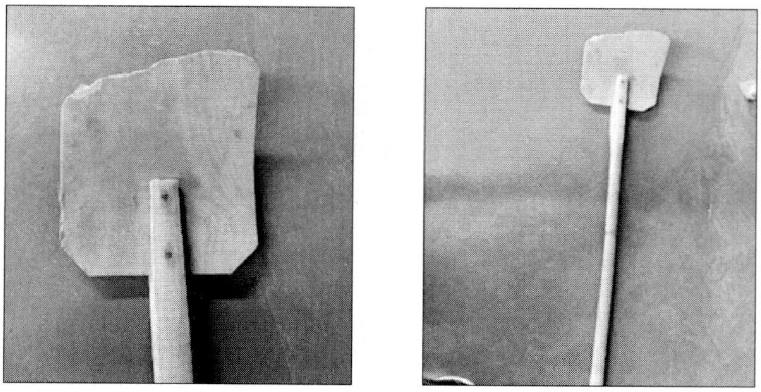

（a）　　（b）

图2-7-13　木锨实物图

笔记

（二）木锨的用途

在农村，人们将稻（麦）子碾下之后，通常会使用木锨在侧风向的地方扬撒，以达到除去灰尘、碎叶等杂物的目的。

因为木锨有轻便、灵活的特点，所以比铁锨更适合扬撒作业。但因为木质本身的脆弱，木锨不能用来进行挖掘和撮铲作业。

课程六：簸箕

（一）簸箕的两种释义

1. 盛装东西的器具

簸箕是一种铲状的器具，一般用来装农作物或农物粗加工后的垃圾。图 2-7-14 为簸箕实物图。

2. 扬米去糠的器具

簸箕有时也指用藤条或去皮的柳条、竹篾等编成的大撮子，一般是用来扬米去糠的工具。

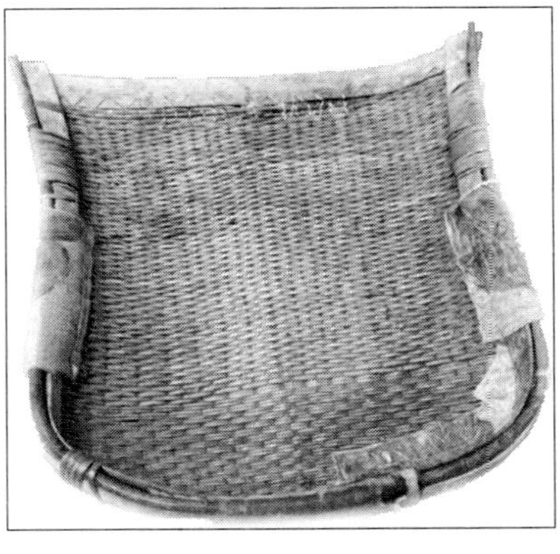

图2-7-14　簸箕实物图

（二）簸箕的相关文献

北魏时期贾思勰《齐民要术·种槐柳楸梓梧柞》："至秋，任为簸箕。"

唐代锺辂《前定录·刘逸》："我读《金刚经》四十三年，今方得力，就说初坐时，见巨手如簸箕，翕然遮背。"

金董解元《西厢记诸宫调》卷二："弯一枝窍镫黄华弩，担柄簸箕来大开山板斧：是把桥将士孙飞虎。"

笔记

柳青《创业史》第一部第十四章："这个高大的中年庄稼人，不仅帮助寡妇老婆儿，把大黄牛套在磨子上，而且帮助她把淘好的粮食和所有的磨具——笸箩、簸箕……统统搬到磨棚里来。"

（三）簸箕的种类

簸箕的种类有大簸箕、小簸箕、净物簸箕之分。大簸箕和小簸箕很好理解，净物簸箕是一种体形在大小簸箕之间的小型簸箕，没有撑角，主要用来盛装物体。

随着生活用品的多样化，人们编织出一种变形的簸箕。这种簸箕三面立起，一面敞开，里面有舌头，可以"吐废物"，人们常它来簸去稻米中的杂质和空壳，在农村里也常用来晾晒柿子、花生等。

根据编制簸箕的材料不同，簸箕又有南北之分，北方的簸箕常用柳条编制，而南方的簸箕则常用竹条编制。

课程七：筛子

（一）筛子的释义

筛子是形状像脸盆、用芦席或竹片编制而成的生活用具，它的上面有很多孔，经常被人们用来过滤物体。使用时，筛子会将大块的物体和小块的物体分离开，大的物体会留在筛子内，而小的物体则会通过小孔掉出来。

（二）筛子的形状

筛子，又称竹筛，一般由两部分组成，上面是直径为 60 厘米、圆形边框，下面则是用薄而细的篾条编织成网状竹盘，将边框和下方的网状竹盘连接在一起，并在底部编织几块篾块用来支撑筛底承重，这样筛子就制成了。

我们生活中比较常见的筛子有方孔筛子、圆孔筛子和矩形孔的筛子等。图 2-7-15 为筛子实物图。

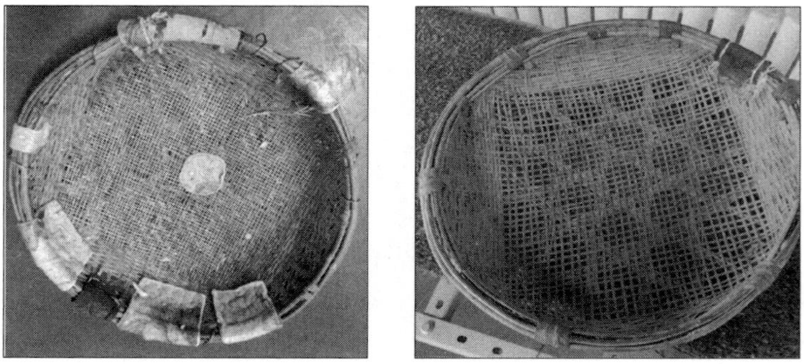

（a）　　（b）

图2-7-15　筛子实物图

笔记

（三）筛子的作用

筛子主要用于各种粮食的筛选，或者用来盛装或晾晒苞谷、黄豆、豌豆等颗粒较大的粮食。使用时，人们将要筛选的东西倒进筛子内，然后用双手将筛子平端起来微微晃动，这样颗粒较大的物体就留在了筛子里面，而颗粒小的就通过筛子的小孔掉在了下面。

课程八：扁担

（一）扁担的释义

1.“一”字扁担

扁担是木制或者竹制的、扁圆长条形状的生活用具，它的原材料多是采自深山老林的杂木，或是取自峡谷山涧的毛竹。扁担的外形简单质朴，就是一个简简单单的“一”字形。图 2-7-16 为扁担实物图。

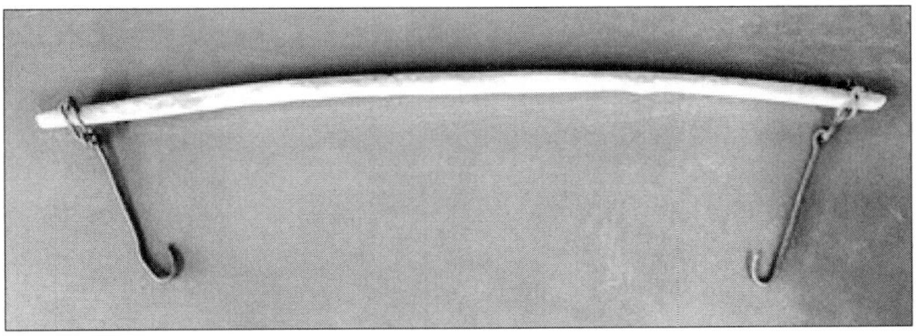

图2-7-16　扁担实物图

2.“月牙”翘扁担

扁担也有两头上翘、形状酷似“月牙”的翘扁担。翘扁担在挑东西的时候相对来说比较省力，但它也有弊端，如果没有良好的技巧，那么在使用的时候就很容易翻转过来。因此人们为了防止发生翻转，经常会在翘扁担的一头装上一块短木板，称作扁担的“马”。

（二）扁担的作用

1. 挑东西的工具

扁担人们是生产生活中的运输工具之一，尤其在一些山区等交通不发达的地方，扁担依旧是搬运货物的最便捷和有效的工具。

笔记

2. 临时搬运工的代称

在武汉、重庆等地，扁担也是对零散的临时搬运工的代称。不同地区，人们对这些搬运工的称呼上略有不同，在重庆主城区人们称这些人为“棒棒”，而在重庆万州、忠县等地人们则称他们为“扁担”。

（三）扁担的好处

扁担是常见的运输工具，与双手提运相比，有非常多的好处。首先，扁担的使用可以在运输过程中使人更加的省力。扁担挑运能有效避免手臂及肘肩关节的承载，提高运输的效率；其次，使用扁担运输，能够减少损伤。与双肩背负相比，扁担挑运时身体会处于直立状态，双肩可交替承重，能够有效降低肌肉疲劳、减少损伤；最后，人们在使用扁担的时候，通常会将物品悬挂在扁担两端，这样做可以方便挑运者随时利用可靠地形搁置物品休息。

（四）扁担的力学原理

扁担在使用的过程中，体现了很多的力学原理。当人双脚交替向前，肩部的高低会随之发生变化，从而使扁担作为悬臂梁牵引荷物上下振动；而行走速度的迈动可以引起悬挂于扁担两端的荷物前后摆动。会挑担的人起肩时常有意识地观察扁担初始激振，确认扁担的固有频率，随节奏而迈步。

（五）扁担的使用要点

扁担作为方便快捷的运输工具，其优良的特性一直为人们所熟知。但是我们要知道的是，即使是在平路上担物，我们也要进行充分地练习之后才能将扁担挑好，不至于出现损伤。

挑扁担的时候，对人的行走速度有一定的要求，如果行走速度不均匀的话，就很容易引起荷物前后摆动；如果两侧的载荷不能同步变化的话，就很容易使扁担失去平衡。因此为了保持平衡，不会挑担的人常会用双手紧紧握住扁担，从而施加托力或压力，殊不知这样做更容易让扁担以肩部为支点进行转动，从而导致挑扁担的时候左摇右晃。并且如果长时间抓紧悬绳或者直接拉住荷物，还会引起手臂以及肩肘关节的疲劳。

那么我们该如何使用扁担呢？

因使用的地点不同，扁担的捆绑方法和材质都各有不同。如果担物在坡路或台阶上行走，那么最好使用较短的绳索悬挂荷物，甚至可以直接将荷物捆绑在扁担的两端。同时，为了避免因为行走速度不均而引起的扁担的不规则振动，我们在挑选扁担的时候，要首先选择抗弯能力更好的扁担。多加练习，等身体习惯扁担的移动之后，就会熟练了。

笔记

第八章　农耕类

课程一：犁

（一）犁的简介

犁是一种由在一根横梁端部的厚重的刃构成的农具，它常被用来耕地、破碎土块并耕出槽沟。一般人们会将它系在一组牵引的牲畜或机动车上，在一些地区也有用人力来驱动它的。图 2-8-1 为犁结构图。

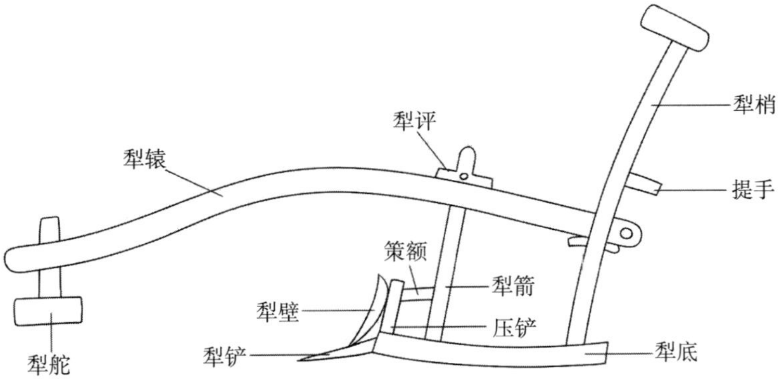

图2-8-1　犁结构图

（二）犁的起源

早在 5500 年前，美索不达米亚和埃及的农民就开始尝试用犁耕地。最初的犁是用Y形的木头制作而成的，人们将下面的枝段雕刻成一个尖头，而上面的两个分枝则做成两个把手。当人们拉动犁的时候，下面尖头的部位就会在泥土里扒出一道狭小的浅沟，这样就达成了耕地的目的。人们使用犁的时候，一般会用绳子将犁系在牛身上，让牛拉动它，同时用把手来驾驶犁的方向。

后来，人们对犁进行了改进。3000 年前左右，人们将原本犁的尖头改成了一个能够更有力地辟开泥土的“犁铧”，并为其增加了一个倾斜的底板，这个底板能把泥土推向两边，大大提高了耕地的效率。

到了公元前 10 世纪的时候，欧洲人将犁嘴改成了铁制的，这时用犁耕田还需要相当大的力气，而且犁出来的沟垄不够深也不够直，需要犁两遍才勉强可以播种。

笔记

公元前1世纪，人们又发明了新式的犁，新式犁可以用轮子控制犁地的深浅，犁出来的沟又深又整齐，但是唯一的不足就是，新式犁重量要比旧式犁要重，拖起来需要很大的力气才行。因此，欧洲人必须使用大型牲畜来犁地。

而中国的犁则是由耒耜发展演变而来。犁最早见于甲骨文的记载中，因此我们推测犁的出现时间大概在商朝前后，此时的犁，形制十分简陋，类似一种原始的双刃三角形石器。西周晚期至春秋时期出现了铁犁，同时人们开始学会利用畜力牵引拉犁耕田。西汉时期又出现了直辕犁，此种犁只有犁头和扶手。在一些缺少耕牛等畜力的地区，人们则普遍使用“踏犁”，这种踏犁用脚踏它，就能进行翻土，现在的四川、贵州等省的少数民族地区还有踏犁的实物存在。

目前尽管我们已经步入了机械化农业时代，但是世界上还是有很多地区仍然在使用犁耕种。图2-8-2为犁实物图。

图2-8-2　犁实物图

（三）犁的主要类型

犁是以集翻土、松土、碎土等功能于一身的土壤耕作机械。它的类型多样，主要有铧式犁、圆盘犁、旋转犁等。

铧式犁出现于8世纪的欧洲，它是世界上使用最广的耕作机械。1847年，美国发明了圆盘犁并申请了专利。铧式犁和圆盘犁各有各的优点，铧式犁的覆盖性强，而圆盘犁切断草根的能力则更强。但是两者共同的缺点就是，使用铧式犁和圆盘犁耕翻的土壤，其细碎、平坦程度还远不能进行播种，还需要再进行耙地、镇压等后续作业。

此外，用铧式犁和圆盘犁在工作的时候需要很大的牵引力，虽然拖拉机能够带动它们，但是其功率受到轮胎附着性能的限制，根本无法充分发挥作用。

笔记

19世纪末以来，许多国家和地区都在探索新的耕地工具。1896年，匈牙利人发明创造了旋转犁。后来人们更是创造了各种驱动型的土壤耕作机械，如旋耕机、旋转锄等。它们最突出优点是只需要犁地一次，便能够获得非常疏松细碎适合耕种的土壤。但是同样的，它们的缺点也非常明显，不但生产效率低下，并且能量消耗较多，翻埋残茬、杂草和肥料的功能距铧式犁也有一定的差距。

（四）中国南北方犁的不同

我国地域宽广辽阔，不同地区的自然条件不同，其在耕作方面的要求也各有不同，尤其水田和旱田在耕作的农业技术要求方面差异巨大。所以，人们根据田地的类型不同将犁主要分为两大类：南方水田犁系列和北方旱作铧式犁系列。在每一系列内又根据土壤比阻（单位耕作断面上的土壤阻力）的大小，将犁分为中型、重型或加强型等不同型号。

按照犁与拖拉机配套时的挂结方式不同，北方系列犁可被分为三种形式：牵引式、悬挂式和半悬挂式。

北方系列犁按照型号，又可以分为中型犁和重型犁两类，它们所适应的耕深为 16～30 厘米。其中中型犁适用地表残茬较少的轻质和中等土壤，具有较好的翻土、碎土和覆盖性能。

由于悬挂机组的机动性较高，比较适用于较小田块，所以，南方水田犁系列目前只有悬挂犁一种形式。

（五）中国犁的历史发展

犁是从一种原始双刃三角形石器发展变化而来的，被称作“石犁”。夏、商、西周时期中国农业技术的初步发展时期，在这个阶段，人们创造了很多生产工具，并在耕作栽培等方面取得了很大进步。春秋战国时期出现的铁犁，标志着我国农具发展史上的重大变革。

汉代，人们在原有铁犁的基础上，添加了犁壁。随后又创造出了直辕犁。直辕犁有双辕和单辕之分，由于体积重量庞大需要两头牛同时牵引才能使用，这种直辕犁非常适合在平原地区使用，既能保证田地犁得平整笔直，还比较容易驾驭，用它犁地工作效率明显提高。

魏晋南北朝时期，此时的农业生产已经全面进入牛拉犁耕的阶段，精耕细作技术越来越成熟，直辕犁结构日趋完善，其应用的范围也越发广泛。

隋唐时期，人们对犁的构造重新进行了改进，发明了曲辕犁。曲辕犁与之前的犁相比，除犁头扶手外，还多了犁壁、犁箭、犁评等结构。曲辕犁可以更好地控制与调节犁耕的深度，能适应深耕和浅耕的不同需要，实用性更强，随着它的应用和推广，农民的劳动生产率和耕地的质量有了显著提高。可以说，曲辕犁的发明，为中国传统农具史打开了新的大门，标志着中国耕犁的发展进入了成熟的阶段。到此为止，我国传统步犁的结构便已基本定型。

宋元时期的耕犁是在唐代曲辕犁的基础上，进行了改进和完善，人们通过缩短、弯曲犁辕，减少策额、压镵等部件，减轻了犁身结构的重量，使之用起来更加灵活，大幅提高了耕作的效率。

明清时期，耕犁基本上没有发生太大的变化。只是到清代晚期由于冶铁业的进一步发展，有些耕犁改用铁辕，简化了犁身的结构，在不影响耕地功效的情况

笔记

下，使耕犁本身变得更加坚固耐用，还延长了使用时间，节约了生产成本，不管从哪个方面来说都是一个大大的进步。

课程二：套包

套包也叫套项，方言，是指马、驴、骡在犁地、拉车或碾场时套在牲口脖子上的用具。其多为以皮革或布包裹，内装棕、糠，或用玉米包皮编制的椭圆形套圈。图 2-8-3 为套包实物图。

比如周立波在长篇小说《暴风骤雨》第二十三篇中写道：“往年光分一腿马，连车带绳套，还有笼头、铜圈、嚼子、套包，啥啥都没有，都能补上吗？”

《高玉宝》第一章：“一进了周家门，就像被戴上了套包、笼头的骡马，一年到头没白黑的干。”

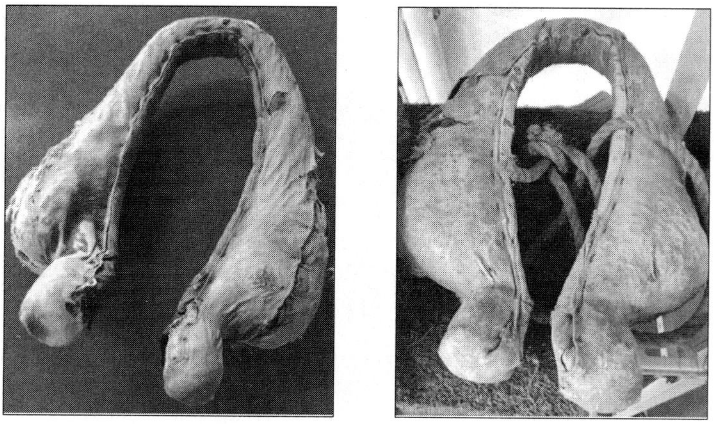

（a）　　（b）

图2-8-3　套包实物图

课程三：驴马套

（一）驴马套简介

驴马套，是木、绳、铁与衬垫等组合在一起的，用在驴、骡、马等畜力身上的拉力工具。其主要部件包含夹板、拥脖、拉绳、抛杆和挂钩等。图 2-8-4 为驴马套实物图。

笔记

夹板为长约二三尺（1 市尺约为 33.3 厘米）、宽约二寸（1 市寸等于十分之一尺）、厚约一寸左右的两根木板条，两根木板条相距约三寸，用牛皮条捆扎在一起。在每根木板条上，各有两个平行的、直径约为十分之三寸的圆孔，两个圆孔相距约为十分之七寸，牛皮条就从这四个圆孔中穿过。

其中，一根木板条的下端有两个直径约为十分之三寸的圆孔，用一根环形的牛皮条穿过这个圆孔；另一根木板条对应的位置则为一个木突起。环形牛皮条绕过这个木突起，再与之前的牛皮条栓系在一起，呈一个三角形。在使用驴马套时，只需要调节牛皮条与木突之间的位置，便可以起到松紧的作用了。

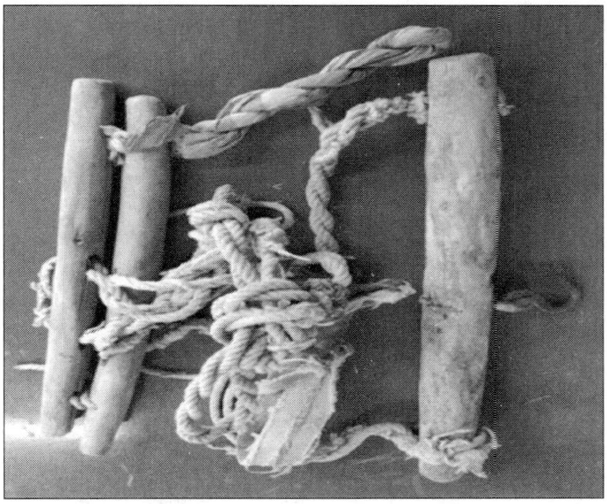

图2-8-4 驴马套实物图

抛杆是指牛椇的抛杆。拉绳是指牛椇的拉绳，一般长约六七尺，前端系于夹板中部的三角形牛皮条上，后端系于抛杆的绳眼处。

拥脖则多用长约二尺左右、宽约八寸，由多层垒叠的棉麻袋片组成，四边用线或麻绳穿缝而成为整体。

（二）驴马套的使用

驴马套在使用的时候，首先要将衬垫经驴颈后横搭在驴的双肩上，再将两夹板置于衬垫上，随后将夹板下部用所系环形牛皮条攀套固定，再把拉绳顺驴腹两侧向后拉套，将抛杆的挂钩挂于着力点。

一般在驴、骡、马等拉面粉磨、碾子、播种耧等场景，或者在拉犁、耙与地耱的时候，人们常常为它们带上驴马套。

课程四：耧车

（一）耧车的历史地位

耧车是我国古代劳动人民通过无数的劳动实践和自己的聪明才智创造出来的，它的发明创造为我国古代农业生产力的发展做出了重大贡献。虽然随着生产技术的进步，耧车渐渐被其他农具所取代，但是作为中国农耕文化变迁的见证者，耧车始终是中华民族农业史上不可磨灭的记忆。

笔记

（二）耧车简介

耧车，又称“耧犁”或“耧”，是中国古代一种较为先进的畜力多管播种农具，只需要使用一次就可以同时完成田地的开沟、播种与覆土三道工序。图2-8-5为耧车实物图、图2-8-6为耧车工作图。

图2-8-5 耧车实物图

图2-8-6 耧车工作图

耧车包含耧杆、耧把、耧斗、耧脚、耧铧等几个部分，除耧铧是铁制的之外，其他部件均由木头制成，其中耧脚为中空的，与耧斗相通。

耧车在工作时，需要有一牛在前面作为牵引，还需要有一个人在耧车前面牵牛并扶住耧杆，这样方便掌握耕牛行走的速度，可以及时调整方向；另一个人则跟在牛的后面，用手扶着耧把，在走的过程中轻轻摇动耧车，让装在耧斗中的种子自然滑入中空的耧脚中，随后被播种到田地里。

耧车的发展演变过程非常复杂，与犁之间有着千丝万缕的关系。最晚在我国的战国时期，农民在农业生产中就已经开始广泛使用由耕牛作为牵引的铁制犁

笔记

了，当时聪明的古人们就已经发明了专门用于播种的工具。为了使播种更加方便，随后，人们将连续开沟的农具与连续播种的农具结合在一起，就这样，耧车便随之诞生了。

（三）耧车的种类

在耧车的漫长发展过程中，出现了很多的种类。

比如汉代发明的三脚耧播种车，它在使用中能够保证行距、株距始终如一，两人一牛使用这种耧车耕地的话，播种效率极高，只需要一天的时间即可播种一顷地。正因为它的高效率，三脚耧播种车一经推广便受到了广大百姓的热烈欢迎。根据班固《汉书·食货志》中的记载，当时汉武帝在全国范围内推广代田法，借此机会，耧车得以在全国上下推广和应用，大大推动了汉代农业的发展。

除了三脚耧播种车外，在东汉时期的北方部分地区还出现了更大型的六人二牛的六脚耧。据崔寔（shí）在《政论》中的记载，这种大型多管条播机的效率极高，可达到“一日才种二十五亩”。由此可见六脚耧车的工作效率有多高。

分行栽培与耧车的组合还为畜力中耕的发明奠定了基础。元代时，人们对耧车进行了改进，还发明了耧锄。王祯在《种莳直说》中描述这种农具：“此器出自海壖，号曰耧锄。耧车制颇同，独无耧斗……其深痛过锄力三倍。所办之田，日不啻二十亩。”据他的描述，我们可以看出耧锄和耧车的形制非常相似，只是缺少耧斗，转而用耧锄取代。耧锄在使用时，要用一头驴在前面作为牵引，一般锄头的入土深度可达 6～10 厘米，超过手锄的三倍，而且耧锄的耕地速度很快，每天所锄的地可达二十亩之多，效率极高。

（四）耧车与欧洲早期的条播机

美国著名历史学家罗伯特·坦普尔在《中国：发明与发现的国度》一书中提到古代中国在农业领域领先于世界的发明有五项，耧车就是其中之一。

耧车除了对中国的农业发展作出巨大贡献，也对世界农业的发展起了巨大的推动作用。西方的第一部种子条播机是受到中国的启示而制成的，但由于耧车大都用于北方，远离欧洲人常来常往的中国南方港口，因此实际的耧车样品并未运到欧洲，欧洲人所看到的只是关于它的概略的文字描述。正是因为欧洲人对中国式耧车的结构与原理一知半解，这才使得欧洲种子条播机的发展步履维艰，走了很长的弯路。

公元 1566 年，威尼斯参议院给欧洲最早的条播机发明者卡米罗·托雷洛授予了专利权；公元 1602 年波伦亚城的塔蒂尔·卡里纳发明的条播机是欧洲最早留下详细说明的条播机，但是它的结构仍然非常简单。18 世纪，詹姆斯·夏普发明了一个种子条播机，但由于它只能单行播种，所以没有引起人们的足够重视。从这之后二百多年间欧洲人进行了无数次实验，终于在 19 世纪中叶发明出了栽种数量足够、坚固耐用的种子条播机，而这已经是工业时代了。

笔记

课程五：架子车

（一）架子车的结构

架子车是一种用人力推拉的两轮车，它是农村常用的运输工具之一。架子车是木质材料做成的，在它的两边装有两个大的车轮，车把由两根长直的木棍组成，在车把中间还有一根结实的攀绳。图 2-8-7 为架子车实物图。

图2-8-7　架子车实物图

人们在拉车的时候，需要站在车把中间，在肩上套上攀绳，用双手握住车把，然后弓腰屈腿用力，就可以拉动它了。如果车上的载重较轻，还可以倒行推着走。图 2-8-8 为架子车的日常使用。

（a）　　　　　　　　（b）

图2-8-8　架子车的日常使用

笔记

（二）架子车的起源

架子车的历史久远，追溯其起源要从黄帝造车说起。《汉书·地理志》中记载有“昔在黄帝，作舟车以济不通”，黄帝和蚩尤大战时，黄帝发明创造了指南车，其造型上面为指南的方向标，下边则为双轮车。由此我们在文献的传说中可以看出，从黄帝时代开始就已经有了架子车的存在。图 2-8-9 为传说中黄帝所发明的指南车。

图2-8-9　传说中黄帝所发明的指南车

关于架子车的来源，还有另外一种说法，即奚仲造车。相传奚仲是夏代时期的工匠，因造车有功被百姓奉为车神，当然这也是文献当中的传说。

车在中国古代是极其重要的工具，我们经常可以在先秦的文献中看到，古时在人们衡量一个国家的国力是否强盛的时候，经常会用这个国家有多少车和车的品种来形容，所以文献中经常会形容强大的国家为千乘之国、万乘之国。

中国先秦时期最主要的车是独辀车，也就是单辕车。

在汉代以后，独辀车慢慢被人们舍弃，双辕车则代替它成为人们的“新宠”，在历史剧中出现或者现在农村里用的那种牛马车或者人拉的架子车，都可以理解为双辕车。

（三）架子车的用途

1. 运输

在曾经还没有机动车的年代，架子车是农村必不可少的重要运输工具，人们的运输活动全靠它来支撑。比如种田时需要用它往地里运肥料，丰收时要用它往家里拉麦子、玉米等，建房子时也要用它拉土、拉砖头等。可以说，不管是农村发展，还是城市建设，架子车都曾为其做出很大的贡献。由于架子车的制造成本低廉，且使用方便，现仍有部分地区依然在使用架子车。

笔记

2. 流动的摊位

在过去农村或城市周边，我们总能够看到有农民停着架子车叫卖西瓜。一辆不大的架子车，摊平之后将一边支起，就形成了一个长方形平台，利用这个平台，赶车人可以就地摆摊，售卖一些农副产品，而西瓜是最常见的售卖品。

因为架子车本身是用来运输货物的，其运载量大、车体稳的特点刚好可以被利用，使得它能够成为一个流动的摊位，类似于今天街边的快餐车，让赶车人一路走、一路售卖。

课程六：石磨

（一）石磨释义

石磨是一种将米、麦、豆等粮食去皮、加工成粉或者浆的机械。在最初使用的时候一般为人力或畜力拉动，到了晋代时，聪明的古人学会了用水作为动力的水磨。

石磨通常是由两块尺寸相同的短圆柱形石块和磨盘构成。一般是会将磨盘架在石头或土坯搭成的台子上，然后在接粮食用的磨盘上，摞着石磨的下扇（不动盘）和上扇（转动盘）。

石磨的型号大小不同，大磨的直径超过三尺六寸（1.2 米），需要用三匹马同时拉才能拉动，但是这种大磨有一个好处，那就是用这种大磨磨东西，一斗（约合 25 公斤）粮食只需要用十多分钟就能磨一遍。

一般的石磨直径在 80 厘米左右，一个人或一头驴就能拉动。而小磨的直径不足 40 厘米，人们用手摇动即可，常用于磨花椒面等。

（二）石磨的历史沿革

石磨，最初的名字叫硙（wei），直到汉代才改叫做石磨。我国石磨的发展分早、中、晚三个时期。

从战国到西汉这个阶段为早期，这一时期的磨齿以洼坑为主，坑的形状多样，比如有长方形、圆形、三角形等，也有一些很不规则的形状，比如枣核形等。

东汉到三国时期为发展中期，这时期的磨齿朝着多样化方向发展，磨齿的形状为辐射型分区斜线型，可分为四区、六区、八区型。

从西晋至隋唐（至今）是石磨发展的晚期，这一时期的石磨磨齿主要为八区斜线型，也有十区斜线型。

笔记

石磨按照拉动力不同，可分为人力拉动、畜力拉动和水力拉动。大约在晋代的时候，用水力作为动力的石磨就被发明出来了。水磨是一个卧式的水轮，人们在轮的立轴上安装磨的上扇，流水冲动水轮进而带动磨转动。因此这种石磨比较适合安装在水流冲击力足够大的地方。

如果水量比较大的话，还可以安装另外一种形式的水磨：这种水磨的动力机械是一个立轮，人们在轮轴上安装一个齿轮，将其与磨轴下部平装的一个齿轮相衔接。水轮的转动可以通过齿轮使磨转动起来。这两种形式的水磨，因为构造比较简单，且省时省力，被百姓广为接受，应用的范围很广。

到 20 世纪 70 年代，人们巧妙地将古老技术和现代化技术结合起来，创造出了用电动机驱动的石磨，即片式石磨和辊式石磨。

（三）石磨的发明人

据《世本》上记载，石磨的发明人就是中国工匠的祖师爷鲁班。传说中鲁班把两块质地比较坚硬的圆石，各自凿成密布的浅槽，然后将两者合在一起，利用人力或畜力转动，就这样把米面磨成粉了。要知道在此之前，人们想要加工粮食需要把谷物放在石臼里用杵来舂捣才能形成粉浆，由此可见，石磨的发明为人们提高了多少效率。

（四）石磨的种类

1. 传统片式石磨

1968 年，考古专家在河北省保定市满城汉墓中，发现了一架由石磨和铜漏斗组成的铜、石复合磨，据统计它距今已经有约 2100 年的历史了，这是我国迄今所发现的最早的石磨实物。图 2-8-10 为传统片式石磨实物图。

（a）　　　　（b）

图2-8-10　传统片式石磨实物图

2. 现代片式石磨

笔记

现代片式石磨在传统石磨的基础上进行了保留和改造，它将传统的动力产生装置进行了改变，将原来由驴产生的研磨小麦的动力转变为由电动机产生研磨小麦的动力，同时增加了输送装置和清理装置。改变动力装置之后的现代片式石磨与传统片式石磨相比，不但节省了大量的劳动力，还减轻了劳动量，从根本上提高了石磨的生产效率。

3. 现代辊式石磨

现代辊式石磨主要包括大料斗、风机、圆罗、闭风器、沙克龙、岩石磨辊和管道等部件。它将传统的石磨磨粉工艺，与现代全风运自动循环设计相结合，并安装上筛理提粉装置，完全实现了全自动操作。这种石磨既保留了石磨工艺精研细磨的传统特色，又大幅提高了石磨的工作效率。图 2-8-11 为现代辊式石磨实物图。

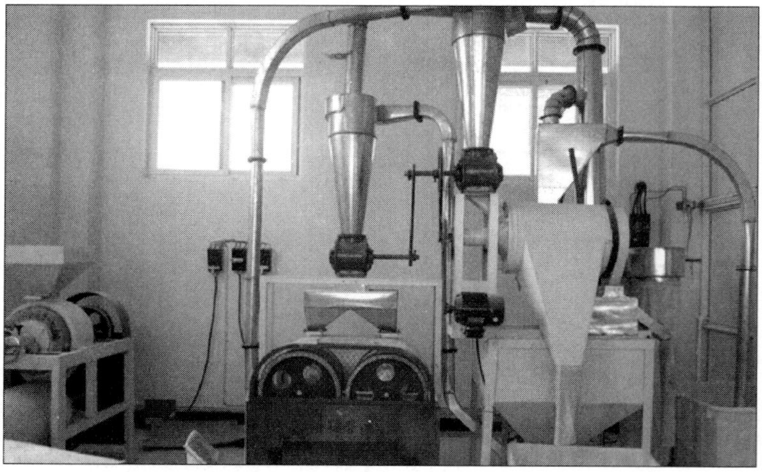

图2-8-11　现代辊式石磨实物图

（五）磨眼、磨膛、磨纹（齿）

石磨上盘有一个小洞，这就是磨眼。在用石磨加工粮食的时候，人们一般会将粮食从磨眼放入磨膛中。比如麦粒，人们将麦粒放入磨眼，随着磨盘转动，磨齿将麦粒磨成粉与皮后流出，经过分离后就能得到面粉和麸子。

石磨的上下扇的磨齿有一定的规律，一般是中间深外边浅，石磨上下扇中间还留有磨膛。谷物顺着磨眼进入之后，先会按照刻好的斜槽通道，依次进入中间的磨膛中，随着上扇石磨的旋转，谷物得到的空间越来越小，最后就被碾压成粉末了。

另外，石磨有顺时针旋转跟逆时针旋转两种转法，这两种转法所刻制的磨齿也是不一样的。如果是逆时针旋转的石磨，用右手比较顺手，如果使用者的习惯手是左手，那么最好使用顺时针旋转的石磨，这样开磨齿就是与逆时针旋转的磨齿呈相反方向了。

笔记

课程七：笸箩

（一）笸箩简介

笸箩是一种以竹篾或柳条类枝干编成的盛器。其大小、方圆、深浅等形制都会因为用途不同而各有差异。图 2-8-12 为笸箩实物图。

（二）笸箩的相关文献

清代曹雪芹所著《红楼梦》第五十四回：“却说贾珍贾琏暗暗预备下大笸箩的钱，听见贾母说赏，忙命小厮们快撒钱，只听满台钱响，贾母大悦。”

图2-8-12　笸箩实物图

《红楼梦》第七一回：“捧上一升豆子来，两个姑子先念了佛偈，然后一个一个的拣在一个笸箩内。”

《济公全传》第二百十四回：“你们哪位劳驾，去把本村的会首找来，先把这笸箩交给会首。”

老舍的《龙须沟》第三幕第二场：“王大妈正坐在自己门前一个小板凳上，给二春缝着花布短褂，地上摆着一个针线笸箩。”

浩然的《艳阳天》第一二八章：“一棵大杏树下边，两个青年妇女坐在一个大笸箩跟前，正在挑麦子里的小土块儿。”

（三）笸箩的种类

从容量上看，笸箩有大笸箩、小笸箩之分；

从形体上看，笸箩有正方形笸箩、圆笸箩、长方形笸箩之分；

从用途上看，笸箩有盛馍笸箩、针线笸箩、旱烟笸箩等。

图 2-8-13 为不同样式的笸箩。

笔记

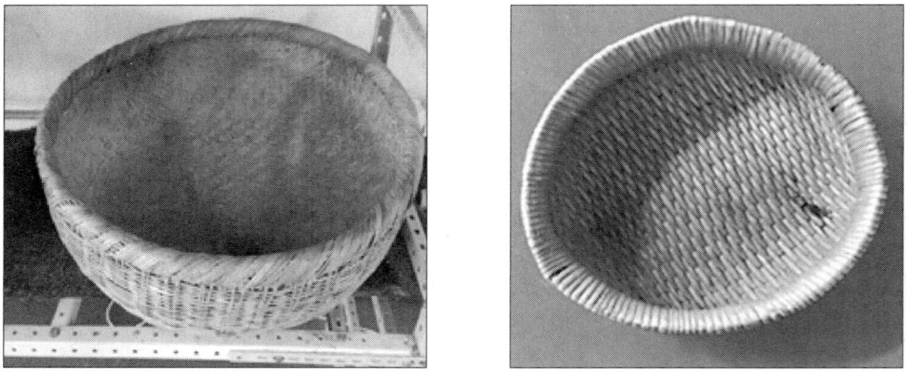

（a）　（b）

图2-8-13　不同样式的笸箩

（四）簸箕和笸箩有哪些相同和不同之处

笸箩和簸箕是“兄弟俩”，笸箩是“哥哥”，簸箕是“弟弟”。之所以这么说，是因为这两种工具无论是取材还是编织方法都是相同的，只不过笸箩大些，呈圆形，簸箕小些，有一边开口。在使用的时候，两者经常要搭配使用。

笸箩和簸箕虽然相似，但是它们的实际用处却有略微的不同，笸箩是用来盛东西或者晾晒东西的，而簸箕则是往外簸粮食中的瘪子和糠皮等东西的。

课程八：现代播种机

图 2-8-14 为现代播种机实物图。

（a）　（b）

图2-8-14　现代播种机实物图

笔记

（一）播种机简介

播种机是将农作物的种子播种到耕地里的种植机械，比较常见的播种机有棉花播种机、谷物条播机、牧草撒播机、玉米穴播机等。

世界上最早的条播机正是我们中国的耧，可以说它是播种机鼻祖，在今天北方的一些旱作区仍在使用。而现代的机械播种机倒可以追溯到欧洲工业革命时期。

（二）播种机的发展史

播种机的发明者是英国的发明家、音乐家杰斯洛·图尔。杰斯洛·图尔本身是一位富有创造力的业余音乐家，他经常将自己的音乐知识融入发明创造中，从而创造出了很多新奇的发明。播种机就是他通过观察了解管风琴中共鸣板的装置之后产生的创意。

1701 年图尔制造出第一台播种机，但经过观察实践后图尔发现这种播种机有一些问题，它并不能均匀地撒播种子。按照理想中的设想，这些种子本该呈直线撒播，但实际上，在种子的播种线上却经常有缺漏的地方。后来他受到管风琴中共鸣板装置的启发，发明了一种弹簧机械装置，并将它加入播种机中。由此经过他的改造，新的播种机诞生了。

这种播种机能够均匀、连续地把种子撒播出去，每棵作物都有望能很好地生长，尤其是像小麦这种农作物，在新的播种机的播种下能够呈现出直线种植，这样人们除掉杂草更加方便了。

图尔发明的播种机使农民获得了更好的收成和更多的利益，进而使得国家的食品供应也更为可靠。

1830 年，俄国人在畜力多铧犁的基础上加装播种装置制成犁播机。随着犁播机的传播，1860 年以后，英、美等国开始在农业生产中大量使用这种畜力谷物条播机。20 世纪以后，人们又发明了牵引和悬挂式谷物条播机，以及以气力为动力的排种播种机。1958 年，挪威人研制出了第一台离心式播种机。50 年代以后各种精密播种机开始逐步发展起来。

20 世纪 50 年代中国从国外引进了谷物条播机、棉花播种机等器械，经过精心研究，终于在 60 年代先后研制成功悬挂式谷物播种机、离心式播种机、通用机架播种机和气吸式播种机等多种机型，同时还创造出了磨纹式排种器。70 年代时，随着试验成功，国家研究决定将播种中耕通用机和谷物联合播种机两个系列投入生产并进行全国推广。

在科学技术日新月异，农业技术也不甘落后的今天，我国供谷物、中耕作物、牧草、蔬菜用的各种条播机和穴播机在全国范围内都已得到推广和使用。并且在此过程中还研制成功了多种精密播种机。

笔记

（三）播种机的类型

按播种方法的不同，播种机可分为以下几种：

1. 撒播型

撒播机是一种能均匀地在播种地块上撒出种子的播种机。生活中我们最常见的撒播机就是离心式撒播机，它经常被安装在农用运输车的后部或者安装在农用飞机上使用。这种离心式撒播机构成简单，主要由种子箱和撒播轮两部分构成，在工作时种子经由种子箱落到撒播轮上，然后在离心力作用下沿切线方向播出，一般的播幅在 8～12 米。当然，撒播机不仅能撒播种子，还能撒播粉状或粒状肥料、石灰及其他物料，作用范围广泛。

2. 条播型

条播机一般在播种谷物、蔬菜、牧草等小粒种子作物的时候使用，我国农业中比较常用的是谷物条播机。

条播机作业时，一般由行走轮带动排种轮旋转，然后种子箱内的种子按要求的播种量依次被排入输种管中，通过开沟器落入开好的沟槽内，最后再用覆土镇压装置将种子覆盖压实。这样播种长出苗后的作物会呈现出平行等距的条行，十分工整。

条播机的结构基本相同，都是由机架、牵引或悬挂装置、种子箱、排种器、传动装置、输种管、开沟器、划行器、行走轮和覆土镇压装置等组成。只是对于不同的作物，条播机采用的排种器和开沟器各有不同，这两个器械装置的不同直接影响着播种的质量。常用的排种器有槽轮式、离心式、磨盘式等，而开沟器则有锄铲式、靴式、滑刀式、单圆盘式和双圆盘式等类型。

3. 穴播型

穴播机是一种按一定行距和穴距，将种子成穴播种的种植机械。每穴仅可播 1 粒种子的穴播机被称为单粒精播，每穴可以播种数粒种子的穴播机被称为多粒穴播。

由于穴播机一般主要用于玉米、棉花、甜菜、向日葵、豆类等中耕作物的播种上，所以人们又称穴播机为中耕作物播种机。

中耕作物一般行距较宽且经常需要调整，因此穴播机常采用单体作业的形式，每一个播种单体拥有一整套工作部件，能独立完成开沟、排种、覆土、镇压等整个作业过程。在这基础上，中国还发展了播种中耕通用机，人们将多个单体按所需行距安装在同一横梁上，组装构成了不同行数和工作幅宽的穴播机。将这种重新组装的穴播机与不同功率等级的拖拉机配套工作，效率提高效果显著。

穴播机的排种器有多种类型，包括圆盘式排种器、气力式排种器、棉子排种器等。圆盘式排种器是利用旋转圆盘上定距配置的型孔或窝眼排出定量的种

笔记

子的排种器，人们可以根据种子大小、播种量、穴距等要求选配具有不同孔数和孔径的排种盘，同时选用适当的传动速比就可完成排种；气力式排种器是在20世纪30年代开始研制的新型排种器，这种排种器对种子的大小要求比较宽松，种子在排种的过程中破损少，可适应7公里/小时～10公里/小时的高速作业。气力式排种器还可以细分为三种，分别为气吸式排种器、气压式排种器以及气吹式排种器。其中，气吸式排种器是利用风机在排种盘一侧造成的负压排种；气压式排种器是利用风机产生的气流在种子箱内产生的正压排种，这种排种器使得种子在充填过程中受风压大小的影响比气吸式小，工作更加稳定；气吹式排种器是一种利用气流作为清种手段的排种器，在气流压差的作用下，取种盘上的多余种子会被高压气流吹掉，此后借助于重力作用，取种盘中剩余的种子便会顺利进行种沟之中。

棉子排种器是专门用来播种带短绒的棉子的器械，一般是由装在圆筒形种子箱底部的水平搅拌轮和位于排种口下方的垂直拨子轮组成。人们为避免在排种过程中棉子短绒缠结，往往需要先将棉子与草木灰拌和，再装入种子箱。

穴播机除了需要配置开沟器的限深装置、覆土器和镇压轮等部件，还要根据需要配置免耕灭茬播种用的凿形铲或波纹圆盘、抗旱播种用的推干土铲、防治病虫害用的农药施撒装置等。

4. 精密型

精密型播种机是一种以精确的播种量、株行距和深度进行播种的机械，它是在穴播机各类排种器的基础上改进而成，一般为多为单粒穴播和精确控制每穴粒数的多粒穴播。多粒精密穴播机在排种器与开沟器之间加设了成穴机构，使排种器排出的单粒种子能够在成穴机构内汇集成精确数量的种子群，然后再被播入种沟。

相比之前的播种机，精密型播种机的功能有了一定提高，不但能够有效节省种子、免除出苗后的间苗作业，还能使每株作物的营养面积更加均匀。

精密型的穴播机的改进体现在很多方面，比如它改进窝眼轮排种器上孔型的形状和尺寸，使其只能接受一粒种子，这样的改进能很好地防止播种过程中出现空穴的可能；精密型穴播机将排种器与开沟器直接连接或将排种器置于开沟器内，这种设计降低了投种的高度，加强了对种子下落速度的控制，能有效避免种子弹跳造成的损坏；精密型穴播机还在水平圆盘排种器上加装垂直圆盘式投种器，这样不仅能够改变投种的方向、降低投种的高度，还能在一定程度上避免种子发生位移；同时精密型穴播机在双圆盘式开沟器上附装同位限深轮，保证了播种深度的稳定性。

除了上述几种精密型穴播机之外，人们还研制出了一些新的结构，比如事先将单粒种子按一定间距固定的纸带播种，或者是使种子从一条垂直回转运动的环形橡胶或塑料制种带孔排入种沟等结构的精密型穴种机。

笔记

5. 联合型

联合型的播种机包含联合作业机和免耕播种机等，这里主要对这两种进行简单介绍：

联合作业机是指将土壤耕作、喷撒杀虫剂和除莠剂、铺塑料薄膜（见地膜覆盖机械）等项作业联合组成的作业机，它们能一次完成土壤播前耕作、施种肥、土壤消毒、开排水沟、播种、施杀虫剂和除莠剂等多项作业。

免耕播种机则是指在前茬作物收获后的茬地上直接开出种沟播种的播种机，也被人们称为直接播种机或硬茬播种机。这种播种方法能够有效防止土壤流失，节约能源，降低作业成本，因此常被用于谷物、牧草和青饲玉米等作物的播种作业。

（四）播种机的辅助装置

在以前，人们要播种的时候，要从田的这头走到那头，边走边往地上抛撒种子。这种撒播方法很不科学，既可能在某些地方落下过多种子，又可能在其他地方落下过少种子。后来出现的播种机解决了这个问题。

随着农业技术的进步，在现代播种的过程中，人们经常会给播种机安装上一定的辅助装置来保证播种的顺利进行。一般人们为保证播种的行距一致，会在播种机上安装划行器。有时人们还会在播种机上安装排种监测装置，它可以自动监视播种进程，在遇到故障的时候及时发出信号，以便人们及时排除故障。

（五）播种机的保养方式

（1）播种机在工作前，人们应及时向各注油点注油，保证在运转的过程中，零件具有充分的润滑效果。对于丢失或损坏的零件需要及时补充、更换和修复。需要格外注意的是不可向齿轮、链条上涂油，以免其沾满泥土，增加磨损。

（2）各排种轮工作的长度要尽量相等，并且排量一致。播量调整机构要保持灵活，不得出现滑动和空移的现象。

（3）圆盘开沟器要注意圆盘转动保持灵活，不得出现晃动、与开沟器体相摩擦的现象。

（4）每次工作前后和工作中，都应将各部位的泥土清理干净，要特别注意清除传动系统上的泥土、油污等。

（5）每次结束后应将化肥箱内的肥料清扫干净，以免剩余化肥残留腐蚀肥料箱和排肥部位。同时还需要检查排种轴及排肥轴是否能灵活转动。

（6）每次作业后，应把播种机停放在干燥有遮盖的棚内。露天停放时，要将种肥箱盖严。停放时要落下开沟器，放下支座将机体支稳，减少播种机的机架上不必要的负荷。

笔记

（六）播种机使用注意事项

（1）在使用播种机前，工作人员应当先检查排种部件有无缺损，排种盒内有无异物，并及时给需注油部件注油。

（2）注意检查排种器内的环境，不要夹杂秸秆和石块等杂物，以免杂物堵塞排种口，影响播种质量。在精量播种时，工作人员要对种子进行严格把关、精心挑选优良种子，否则会影响播种的质量。

（3）做好单口流量试验，确保播种量的准确。

（4）做好播种各项准备。在播种的过程中要把握好播种、转弯、作业等事项以及对意外事项的处理。同时播种机械在作业时要尽量避免停车，必须停车时，为了防止出现“断条”现象，应先将播种机升起，然后后退一段距离，再进行播种。下降播种机时，要使拖拉机保持缓慢行进。

（5）开始作业时，液压控制手柄应置于浮动位置。

（6）作业中要注意安全，防止安全事故发生。

（7）作业中如需检修机具或清理杂物，应在机组停车并放稳的情况下进行。

（8）停车进行调整时，应先切断机器动力。

（9）机器在作业状态中，不可以倒退或转弯。

（10）机组转弯之前或长距离运输时，应先将播种机升起，切断排种器动力。

（11）机手在作业中应随时观察播种机作业状况，特别要注意排种器是否排种，输种管有无堵塞，以及种箱中是否有足够的种子。当播种拌有农药的种子时，播种人员要戴好手套、口罩、风镜等防护工具，剩余的种子要及时进行妥善处理，不得随处乱倒或乱丢，以免污染环境和对人畜造成危害。

笔记

第九章　农田类

课程一：土壤改良

（一）什么是土壤改良

土壤改良工作一般是根据土地的自然条件、周边经济条件，因地制宜，运用土壤学、农业生物学、生态学等多种学科的理论与技术，排除或防治影响农作物生长或引起土壤退化等不利因素，进而改善土壤性状、提高土壤肥力，为农作物创造良好的土壤环境条件的一系列技术措施的统称。

（二）为什么要改良土壤

由于我国的农业在过去长期、大量地使用化学肥料，使得一些地区原本健康肥沃的土地开始出现像板结、酸化、盐渍化、地力衰竭等各种各样的问题，恶化程度让人触目惊心！与此同时，土壤污染、水污染、大气污染、各种病害也随之频繁发生。

或许生活在城市的我们对这些变化感受并不明显，但是农民们却感受颇深。他们能明显感到从刚开始的“增加化肥用量不增加产量”到“化肥用得越多产量越低”，甚至出现农产品重金属严重超标、品质恶化、卖难、效益低等“乱象”，这些现象从个例逐步成为普遍现象，让人不由得为农业的未来感到担忧。

目前我们国家的粮食安全、食品安全面临着严重危机，土壤危机、农业危机频发，特别是全世界新冠肺炎疫情的发生，为我们国民经济可持续发展敲响了警钟！

在现在的农业生产中，原本只需要用 50 公斤的化肥就能获得丰收的土地，到现在已经用到了 100 公斤甚至 150 公斤，可农田中的粮食产物不仅没有增产反而还出现了减产的现象。大田作物尚且如此，那么保护地作物的小环境（尤其是蔬菜果树大棚）又该是怎样的恶劣呢？

笔记

研究结果表明，我国土壤缺乏的并不是“肥力”，而是“地力”。土壤缺乏地力的根本原因则在于土壤缺乏有机质和微生物。

近年来，全国各地发生了大量果树死亡、作物绝收的案例，其根本原因还是在于这些作物的根坏了，而根之所以会坏就是因为根所处的“温床”被破坏了，孕育它们的土壤“病”了。现如今土壤中严重缺乏有机质和微生物，这才导致粮食作物连年减产。为了改善作物的产量问题，土壤改良迫在眉睫！

（三）土壤改良的过程

土壤改良过程共分两个阶段：

1. 保土阶段

在这个阶段，人们一般采取工程或生物措施，将土壤流失量控制在容许流失量范围内。比如地处干旱和半干旱地区的甘肃省，那里的水土流失情况相当严重，为了改善这种状况，近几年甘肃省大搞坡改梯，想要防止土壤的流失量过大。保土是土壤改良工作的前提，如果土壤流失量得不到控制，土壤改良根本无法进行。

对于耕作土壤，在保土阶段首先要进行农田的基本建设，改善土壤水分状况，这样才能进行土壤改良。如兰州新区自从“引大入秦”工程通水以来，就大规模进行农田基础建设，兴修了大量的水渠。

2. 改土阶段

主要是运用物理、化学、土壤学、农业生物学、生态学等多种学科的理论与技术，对土壤成份进行干预，达到增加土壤有机质和养分含量，改良土壤性状，提高土壤肥力的目的。

（四）土壤改良的方法

要想进一步提高地力，就要从根本上解决土传病害、生理性病害加重的问题，对此我们建议改良土壤从如下几个方面入手：

（1）增施有机肥，增加土壤中有机质的含量，提高土壤缓力、保肥、保水能力。

（2）增施微生物菌肥，增加土壤中有益微生物数量及激发微生物活性，提高肥的有效利用率。

（3）增施中微量元素肥，改良土壤团粒结构，缓解土壤板结状况。

（4）适当施用功能性肥改良土壤，同时还要大力推广健康栽培措施，调碱降盐、促根壮苗，提高作物抗逆性，降低病虫害发生概率。

（5）调整修改灌溉技术，将原本的大水漫灌改为滴灌、喷灌、微喷等较为先进的灌溉技术，大力推广肥水一体化技术。

（6）巧施氮磷钾。使用控释、缓释性肥料以及高浓度水溶性肥料。

（7）适当使用土壤调理剂。

（五）常用的土壤改良方案

（1）加大有机肥投入量。

笔记

（2）合理使用化学肥料。

（3）补充有益菌（微生物菌剂）。

（4）使用土壤调理剂。

（六）用有机肥改良土壤

1. 有机肥（即熟化的牛粪）的作用

有机肥中含有各种农作物需要的营养元素，在施入土壤后，通过微生物的促进作用，有机肥可以源源不断地释放营养元素，供农作物吸收利用，尤其是对作物微量元素的补充发挥着重要作用。有机肥料施入土壤分解后，会产生各种有机酸和碳酸，可推动土壤难溶性磷酸盐的转化，提高磷的有效性。

2. 有机肥使用方法和用量

撒施法：在新平整的生土田块中，按每年每亩 700～1000kg，选取每平方米 0.5kg 有机肥，均匀地撒施在土壤表面然后用铁锹进行翻土，以达到土肥相融。

3. 有机肥料在施肥过程中需要注意的问题

（1）有机肥不是万能的。虽然有机肥的施用效果很好，但也有很多缺点，比如有机肥分解相对较慢，肥效较为迟缓，尽管它的营养元素含量全，但含量相对比较低，对于高产优质的作物需要的养分根本无法满足。因此为了获得更加高产优质的农作物，需要在施用有机肥时根据不同的要求搭配其他化肥施用，并且还可以在作物生长期间配施各种叶面肥施用，这样才可以充分发挥各种化肥的优势，扬长避短。

（2）有机肥在使用之前，最好事先经过发酵处理。因为很多有机肥料本身都带有病菌、虫卵和杂草种子，这些东西对作物的健康生长有很大的危害，因此最好经过加工处理后再进行施用。

（3）腐熟的有机肥不宜与碱性肥料混用。如果腐熟的有机肥与碱性肥料混合，就会造成氨的挥发，不但会使有机肥养分含量降低，还会导致营养失衡。同时生物有机肥中含有较多的有机物，不宜与硝态氮肥混用。

笔记

课程二：翻地

（一）什么是翻地

翻地就是用犁、锹等工具翻松田地。大约在2000多年前，中国就已开始使用带有犁壁的犁翻耕土地。图2-9-1是初春翻地图。

图2-9-1 初春翻地图

农谚中常说“秋翻深一寸，顶上一茬粪”。这里的翻耕就是指通过对土地进行铲起、打散、疏通等处理，把土地变得平整松散的过程，这就是耕种最初的步骤之一。图2-9-2和2-9-3为学生翻地实践展示图。

（a）

（b）

图2-9-2 学生们学习翻地

（二）翻地的方法

通常翻地的方法有四种：平翻、耙茬、垄翻和深松。

图2-9-3 组织学生开展翻地实践

1. 平翻

平翻法是当前春大豆栽培区普遍应用的一种通过使用机械将耕作层全面耕翻的方法。一般耕翻深度以 20 ～ 22 厘米为宜，而秋翻深度应比春翻深 5 ～ 7 厘米。因此在最后平翻完毕，应该达到田面平整，耕深一致，耕幅一致，回垡一致，并做到不重耕、不漏耕的标准才行。

2. 耙茬

耙茬是浅翻平播农作物的一种翻地方法。一般耙茬的深度在 12～15 厘米。常见的耙茬耕地法为大豆耙茬耕法，它是指在种植大豆之前，而前茬是小麦时，应当在春小麦收获之后，立即用双列圆盘耙耙地灭茬，然后采用对角线耙法把田地耙两遍，并在第二年播种前耢细、耢平，进而使土壤达到最适宜播种的状态。如果前茬为玉米、高粱等作物时，面对已经有深翻或深松基础的田地，我们也可以选择在秋季耙茬，等茬子捡净后，再耙平、耙细。

3. 垄翻

垄翻是东北地区农民经常采用的传统耕作方法之一。由于前茬作物不同，所以垄翻的具体方法也各有不同。

（1）搅垄。即春小麦收获后，立即用犁将田地搅垄，一般搅 1～2 遍。搅垄后，在表土稍干时镇压一次，第二年耲（huái）种。

（2）扣种。这种垄翻方法适用于玉米、高粱或谷子等农作物为前作地块的时候，一般会在秋季先用灭茬机灭茬，或者在前作原茬越冬、早春的土壤解冻前，用铁制或木制的重耢子耢碎地上残余的根茬，然后进行垄翻播种，耕播结合。

笔记

（3）打垄。在土壤解冻至一犁深时，抓住时机施肥打垄及时镇压，待播期一到，立即用大豆点播机播种，即翻耱结合。

4. 深松

深松是用凿形犁（也叫深松铲）将土层耕松，但不翻转土层的方法。一般农民在进行深松的时候，其做法是条状间隔深松，也就是说在垄翻的基础上，进行深松垄底或深松垄沟。当土壤水分充足时，可松垄底；土壤水分不足时，只能松垄沟。需要注意的是垄底深松不宜过深，一般15～20厘米为宜；而垄沟深松可以稍深一点，一般为25～30厘米为宜。

深松的时间一般是在秋收后、入冬前。开展深松整地作业有利于农作物生长，是提高农作物产量的重要手段之一。

（三）翻耕的作用

翻耕的作用有以下几点：

（1）翻耕可将紧实的土层变为疏散细碎的耕层，增加土壤中的孔隙度，这样有利于土壤中接纳和贮存雨水，推动土壤中潜在养分转化为有效养分，促使苗木根系的伸展。图2-9-4为学生们在翻耕。

图2-9-4　学生们集体翻耕

（2）翻耕可以将地表的植物残茬、杂草、肥料翻入土中，清洁耕层表面，从而提高整个土地的播种质量，那些被翻埋的肥料则可调整养分的垂直分布。

（3）翻耕可将杂草种子、地下根茎、病菌孢子、害虫卵块等埋入深土层，进一步抑制病虫害的发生和杂草的生长繁育。

但是需要注意的是，在干旱的情况下翻耕，土壤会因下层湿土被翻到上面而损失水分；而在水土流失严重或风蚀地区，翻耕后土壤处于疏松状态，容易引起水蚀或风蚀。

笔记

（四）翻耕注意事项

1. 季节选择

在翻地季节的选择上，因为冬季气温较低，并且降水量稀少，所以翻地待种植是以秋天翻地为好，因为秋天翻地不仅可以利用冬天的寒冷杀死病虫，而且表层土壤与深层土壤互换位置，也更有利于土壤养分的均匀分布，同时还可以为春天播种争取时间。

2. 水湿控制

（1）翻耕以后在进行排水跟灌水的时候，即便土壤干一点也没有关系，但一定不能灌太多的水。

（2）如果能够利用循环水浇灌，那么最好采用漫灌的方式，因为漫灌以后水就能马上排掉，不会造成水涝。

（3）翻耕以后种下去的植物，在它的土球下面 25 厘米的松土层下面最好有水湿。因为如果地下水位在 25 厘米的松土层以下，这样既能往上提水，方便土壤吸收，还不会造成淹水。

（4）另外关于翻耕的水湿情况还要根据不同土壤的特性进行具体分析。比如现在很多的土地像是黏性土、耕田土（山地的沙壤土相对好一点）等，在翻耕以后还要时刻注意保水，所以挖的时候一定不能挖得太深。

3. 掌握好翻耕深度

掌握好合适的耕作深度是一项非常重要的技术，它对提高耕地质量、发挥翻耕作用有很深的影响。耕地深、耕层厚、土层松软，则有利于贮水保墒。而耕层厚而疏松，通气性好，则有利于有机质矿化加速。

但是在某些条件下，深耕反倒会有很多弊端。如在多风、高温、干旱的地区或季节，深耕会加剧土壤的水分丢失；翻耕过深，还容易将底层的还原性物质和生土翻到耕层上部，它们未经熟化，很不利于幼苗的生长。

那么什么样的土地适合深耕，什么样的土地适合浅耕呢？黏土、盐碱土宜深耕，沙土宜浅耕；秋耕宜深，春耕宜浅；休闲地宜深，播种前宜浅；土层较厚，表底土质地一致宜深，土层较薄，有石砾的土壤宜浅；干旱、多风地区不宜深耕，否则会造成失墒严重，提墒困难。

此外，耕地深度还要根据农机具性能和经济效益而定，畜耕的浅些，机耕的深些。

笔记

4. 补足肥料

在化学肥料大量使用以前，冬天的时候农民都会做一样事情，那就是犁冬田，即把土地翻上来，晒、冻。这样既可以消毒，又能整合有机物，促进土壤内部氧化；另外，如果给这些土壤再加上一些塘泥，还可以作为一种补肥的方法。

现在很多沙壤土、大的河道冲击洲等地方还是有松土层的，但在其他地方，尤其像是水稻田中，经过多年的种植，在田地下面早就已经形成了一个硬质的土层，在翻耕的时候一定要打破才行。因此在翻耕的时候，我们一定要在黏土层里增加腐殖酸和益生菌，让它们穿透土层，这样才可以增加土地的松软度，使其适用于耕种。

5. 酸碱度调和

另外的一个重点是土地酸碱度的调和。不同的土质其酸碱度不同，在翻耕的时候需要我们增加相应的化学肥料，来使土地的酸碱度达到适合耕种的程度。通常我们要将土地的酸碱度调到中性，或者弱酸性、弱碱性为宜，此时的 pH 值保持在 6.6 ～ 7.4，土壤处在这个酸碱度下，一般的植物就都可以种植了。

当然并非所有的植物都是喜欢中性的，也有些植物是喜欢偏酸性土壤的，比如茶花、茶梅、杜鹃等。所以我们要根据土壤的不同，种植品种的不同，对其品种进行深入地了解，这样才能在生根以后，及时补充肥料进行土壤酸碱度的调和。

我们可以在翻耕之前就将肥料、微量元素、消毒杀菌剂、杀虫剂等撒入田地之中，在翻耕的时候就将它们全部都翻在下面。这样等到冬天，很多的虫子在土壤里过冬的时候，土壤中含有的杀虫剂就可以直接把它们杀掉了。采用这样的方式翻耕的苗圃，一般翻耕后第一年就不用处理了，不但肥力足，消毒剂、所缺的微量元素等也在翻耕的时候都添加进去了。

（五）秋翻地的技术要点

（1）翻早不翻晚，要掌握适宜耕翻深度。在秋收后尽早进行翻耕，这样才能给土壤熟化留出充足的时间，更有利于土壤蓄存晚秋降水，进一步建立土壤耕层水库，实现秋墒春用。

翻耕过晚的话，容易赶上秋雨，增加秋翻地的难度，进而导致秋翻地的质量不高，翻耕之后容易形成黏条，干后变成死坷垃。致使土壤过干，翻地的阻力变大、工作效率低下，耕作的质量差。

（2）秋翻地还要注意土壤湿度，尽量让土壤含水量在 18% ～ 22% 时翻地最为适宜。优先翻耕土质黏重的地块，以达到疏松土壤，加速土壤熟化的目的。秋翻的地块可立即整地，在上冻前如果时间充足还可以进行旋耕作业，这样可以有效防止跑水跑墒。

综上所述，秋翻地是翌年播种时，保证苗齐苗壮长势的基础，也是丰产的必备前提，因此一定要做好秋翻。

笔记

课程三：农业大棚种植与管理、水肥一体化

（一）农业大棚的种植与管理

在现代农业种植的各种方式之中，温室大棚的种植方式已经逐渐占领了农业种植中的重要地位，随着温室大棚的普及和发展，温室技术研究和栽培技术对农作物的成长和发展产生了很大的影响和积极的作用。

目前我国的农业技术水平和研究水平正在逐步提高，随着相关农业技术人员对于温室种植技术的深入研究，我国关于温室种植及栽培技术的理论体系也在一步步不断完善着，农业种植的整体水平都有了明显的提高。相信在未来的社会生活中，我们也能明显感受到科技的力量为我们生活带来的变化。

那么关于农业大棚种植，技术人员要注意哪些问题呢？

1. 选择合适的棚膜

在现在的大棚建设过程中，技术人员可以在多种的棚膜中选择最合适的一种。对于温室大棚栽培来说，棚膜的选择非常重要，因为棚膜的好坏会直接影响到大棚内农作物的整体效果。

举个例子来说，棚膜会影响大棚内的透光度，不同作物对于光照的要求是不同的，如果选择合适的棚膜，透光度适中，同时再加上室内布置的影响，技术人员便可以随时调控蔬菜生长环境的光度和温度。在各种棚膜之中，无滴保温的防老化膜无疑是最为合适使用的，这样的棚膜能够保证阳光照射时大棚内部拥有良好的透光度，同时可以方便技术人员对棚内的温度进行控制和治疗。

再加上大棚内一般都有技术人员对棚内情况进行监管，能够随时将温度和亮度调节到最适宜的刻度，这样就能保证农产品的质量过关，植物健康地生长。

2. 合理控制光照

我们都知道，光照对于农作物的生长、生产具有很重要的作用，并且光照会随着季节变化而发生变化。因此，为了拥有合理的光照，选择棚膜的时候一定要注意这一点。在选择合适的棚膜之后，要尽量保持棚膜的清洁度，确保大棚内的种植物能够获得充足的光照时间，这样才更有利于种植物的生长。同时还要有固定时间清理棚膜的设计，进而方便技术人员对大棚内的温度及时进行调节。

3. 保证大棚内通风良好

笔记

在保证光照和温度的前提条件下，棚内的通风条件也是一个影响农作物生长好坏的重要因素。拥有良好的通风环境对于大棚内种植物非常重要，具体原因如下：第一，良好的通风环境可以保证棚内的空气质量，降低由化肥、农作物等混

合产生有害气体、进而产生安全隐患的可能；第二，良好的通风环境可以让棚内的气体与外界的空气进行交换，使棚内的农作物能够自行进行有效的光合作用；第三，良好的通风环境能够适当调节棚内的温度，将棚内的温度保持在一个相对合适的度数，还可以减少一些病虫害等危险因素。所以说，具有良好的通风环境的大棚对于农作物的种植是十分必要的。

4. 选择合适品种的蔬菜

在农业大棚的种植过程中，选择合适的农作物的品种也是一个关乎种植物产量的重要影响因素。在选择农作物品种的时候，技术人员不只要考虑到棚内的土壤环境，还要考虑到棚内大环境的影响。目前，随着技术的不断发展，可供我们选择的农作物品种、杂交品种越来越多，大棚内的环境可以让它们各取所长，更好地生长。

5. 做好苗期管理、定植、田间管理、病虫害防治

（1）种子管理。大棚种植管理工作人员在种植蔬菜时，要注意大棚内的生存环境，重点要控制好大棚内的温湿度和土壤酸碱度等重要因素，前期各项工作一定要准备充分，然后选择适合的种子进行播种；在播种时，为了保证种子的存活率，要优先选择抗灾害能力较强的种子；种子选择完毕，要在强光下暴晒，2.5 小时左右为最佳时间，之所以要将种子进行暴晒，就是为了清除种子中的有害微生物，保证种子健康。图 2-9-5 为专家给学生们讲解相关知识。

图2-9-5　学生们听专家讲解

（2）生态防治。生态防治措施在我们的日常生活中比较常见，它可以有效降低病虫害的侵蚀，保证农作物健康安全成长。而大棚里的蔬菜生存环境受到了很多限制，棚内的生长温度和湿度都较高，通风不良、土壤的 pH 值偏向于酸性的时候，就非常容易引发病虫害。

为了避免这种情况的出现，需要工作人员根据实际情况采取有效的生态防治措施：一是在天气晴朗的日子，工作人员要及时对大棚进行通风工作，让大棚内

笔记

部的空气自然流通，这样可以有效防止病虫害发生；二是工作人员需要充分熟悉大棚内的环境，学会利用天然条件防治虫害，尽量减少人工干预，减少人为因素影响蔬菜生长；三是工作人员要严格监督控制大棚蔬菜的生长情况，一旦发现异常情况，要及时找到问题源头，制定有效解决方案，将问题控制在可解决的范围之内。

（3）农业防治。农业防治工作，需要工作人员优选蔬菜品种，保证其抗虫害的能力。相关工作人员要不断强化对无病虫壮苗的培养和实验工作，在播种前完成相应的晾晒和消毒流程，保证幼苗一直处于健康的发展状态；同时还要处理好异地客土育苗工作。

农业防治工作还需要带药定植。大棚中种植的蔬菜，在定植之前都需要完成至少 1 次的农药喷洒工作，这样才有利于筛选优良幼苗，从根本上提升幼苗的成活率，提高蔬菜质量和产量，进而为菜农创造出更高的经济收益。

无论是生态防治，还是农业防治，所有防治工作都具有多项操作流程，因此，为了降低不确定因素，从多方面防治虫害，保证蔬菜健康成长，工作人员必须制定出详细且规划性较强的方案，严格按照方案要求予以执行。

（二）水肥一体化技术

水肥一体化技术，是一种灌溉与施肥融为一体的农业新技术。它将可溶性固体或液体肥料，利用压力系统（或地形自然落差），根据土壤养分含量和不同作物需肥的规律和特点，把肥液与灌溉水配兑到一起，然后通过可控管道系统供水、供肥，使水肥相融。再将相融的水肥通过管道和滴头形成滴灌，均匀、定时、定量地浸润作物根系发育生长区域，借此使主要根系土壤始终保持疏松和适宜的含水量。

水肥一体化技术可以根据不同作物的需肥特点、土壤环境和养分含量状况、作物不同生长期需水、需肥规律情况等，对农作物进行不同生育期的需求设计，将水分、养分定时定量、按比例直接提供给作物。

课程四：地膜

（一）什么是地膜

地膜就是地面覆盖薄膜，它一般是透明、黑色或绿色的 PE 薄膜，通常被用来覆盖地面。它有很多的优点，比如覆盖地膜可以提高土壤温度，保持土壤水分，维持土壤结构，防止害虫侵袭作物和某些微生物引起的病害等，同时还可以促进植物生长。

笔记

（二）地膜的作用

1. 保湿，提高成活率

大田中的土壤水分一般来自灌溉和降雨。在盖上地膜后，由于地膜的阻隔，使得土壤中的水分蒸发减少，水分流失缓慢；并且受到光合作用等影响，会在膜内形成水珠，再重新落入土表，在一定程度上减少了土壤水分的损失，起到保蓄土壤水分的作用。此外，地膜还能在降雨量太大的时候，防止雨水大量进入垄体，可起防涝的作用。

2. 促进生长发育

地膜覆盖后土壤的温度和湿度都会增高，这样做有利于作物的早生快发，促进植株的生长发育。实验表明，覆膜的大田农作物比不覆膜的大田生育期会减少一周左右。

3. 减少杂草和蚜虫的危害

地膜覆盖能够抑制杂草生长，根据研究发现，覆膜的大田比不覆膜的大田杂草要减少三分之一以上，如果再与除草剂相结合使用，那么防除杂草的效果会更加明显。事实证明，喷施除草剂后，盖膜的大田比不盖膜的杂草量能减少 89.4%～94.8%。另外地膜具有反光作用，在一定程度上还能够驱避蚜虫、抑制蚜虫的滋生繁殖，减轻危害及病害传播。

4. 地膜覆盖的负效应

地膜覆盖既有正效应又有负效应，例如：

（1）地膜覆盖虽然有利于土壤保水，但是同样阻碍了外界的降水进入垄体，一些地区如果不能采取相应的垄型，或者采用其他措施进行修正，很容易导致农作物在旺长期出现水分亏缺的情况，进而影响农作物的正常生长；但如果遇到连续降雨的情况则容易造成严重的水渍，破坏土壤通透性，阻碍土壤水分蒸发，同样影响农作物的生长。

因此，在进行地膜覆盖的时候，要学会结合当地的生产实际趋利避害，充分发挥出地膜的作用，搭配相应的配套技术措施，进行成功的膜覆盖种植。

（2）地膜种植需要在田地内覆盖大量的塑料薄膜，这些塑料薄膜在农作物收获后，如果没有得到及时的清理，就会残留在土壤中，难以降解，进而污染和损害土壤。

随着塑化剂风波的蔓延，地膜无法沉降是否会导致土壤中塑化剂含量过高，进而影响人们的健康仍在检测，急需权威部门的信息公布。

笔记

（三）地膜在中国的推广应用

地膜在中国的推广是非常迅速的，从 1979 年开始，国家采取以蔬菜为主的小面积试验，到 1983 年仅用 4 年的时间，我国地膜覆盖各种作物的面积就增长至 62.9 万公顷。此后的十几年间，我国共推广地膜覆盖面积 2506.7 万公顷。到 1996 年时，我国的地膜覆盖面积就已经超过亿亩，达到 700 万公顷之多，在这亿亩田地之中达到甚至超过 38 万公顷的作物有很多，比如玉米、棉花、水稻育秧，花生、蔬菜、西甜瓜、烟草等。

地膜覆盖技术如果用于“老、少、边、穷”地区、高寒山区及边远地区，将对农作物的生长产生巨大的影响，不但能有效增加积温量，改善低温干旱，生育期短等不良自然条件，还能使晚熟高产优质玉米良种获得丰收，产量翻倍。尤其是国家 1989 年到 1991 年期间，在 16 个省市实施的“温饱工程”中，地膜覆盖技术使得粮食增收，3200 余万农民实现了温饱。1993 年到 1996 年间，我国共推广地膜覆盖玉米育苗移栽及水稻育苗抛秧栽培近三千万公顷，各种农产品共增产 1 亿多吨，增产值高达 1143.12 亿元，纯收入增加达 971.65 亿元。

地膜覆盖技术的普及推广，不但创造了农业生产上的大丰收，还大幅促进了化工、轻工、农机制造、农资供销、交通运输等相关产业的发展。从地膜覆盖技术到大棚种植蔬菜技术，农业技术的发展大幅改善了人们的生活水平，使人们在寒冷的冬季也能吃到新鲜的蔬菜。

地膜覆盖技术的蓬勃发展，推动了我国经济的发展，在我们这个传统的农业大国中发挥了巨大作用，尤其对像甘肃省这样自然种植条件较差的地区来说，地膜覆盖技术帮助它们走出了一条农业高产稳产的路，对我国农业发展的重大贡献不言而喻。

（四）地膜的回收再利用

塑料材料（地膜）是人类 20 世纪的重大发明之一，它改变了人们的生产和生活方式，极大地推动了人类社会的发展。但是事物是具有两面性的，这种塑料材料为人们带来方便的同时也带来了一些问题：一是生产这类塑料材料需要消耗大量不可再生的石油资源，这加剧了石油资源枯竭的速度；二是由这种塑料材料生产的一次性用品，如地膜、包装等制品，在使用过后产生了大量城市垃圾，无法自然降解，处理不及时就会污染环境，严重威胁着人类社会的可持续发展。

为了减少资源消耗、保护环境，并且同时还能继续利用这些塑料材料创收，我们需要进一步通过科技创新，开发资源再利用技术，建立循环型的塑料加工工业体系。在这些工序中最关键的是如何将使用后的废弃塑料回收再生，也就是我们常说的废物资源化再生料。

笔记

回收利用：

（1）再生料。目前全球原油价格节节攀升，塑料制品作为石油衍生物之一，其价格自然也跟着水涨船高，因此废塑料的再生利用也成为人们关注的一大问题。目前很多现代化工企业已经普遍开始实行废弃塑料的回收再利用。这些废塑料经过人工筛检分类后，再经过破碎、造粒、改性等流程，最终变为各种透明、不透明塑料颗粒。然后人们再将其按照品相分类，形成可以再次利用的再生料。

（2）燃料。在很久之前，人们对塑料回收处理经常采用填埋或焚烧的方法，由此造成了很严重的资源浪费。因此，在国外，人们已经研究出用废塑料当作燃料进行再利用的技术。

在日本由于垃圾填埋场不足、焚烧炉处理含氯废塑料时 HCl 对锅炉腐蚀严重、废塑料燃烧过程中产生二噁英污染环境等问题，日本技术人员利用 RDF 技术，根据废塑料发热值高的特点，将其混配为各种可燃垃圾，并制成发热量 20933kJ/kg 和粒度均匀的 RDF。这样不仅燃烧产生的氯能得到稀释，还非常方便贮存、运输，同时还能代替煤供其他锅炉、工业窑炉燃用。

除了 RDF 技术之外，还有一种处理废塑料的新方法就是高炉喷吹废塑料技术，这项技术也是利用废塑料的高热值，将废塑料作为原料制成适宜粒度喷入高炉，用它代替焦炭或者煤粉使用。根据国外高炉喷吹废塑料应用，我们发现用这种方法处理废塑料，其利用率高达 80%，排放量为焚烧量的 0.1% ～1.0%，仅产生了少量的有害气体，同时处理的费用非常低廉。

高炉喷吹废塑料技术为废塑料的综合利用和治理“白色污染”开创了一个新的局面，也为冶金企业节能增效提供了一种新手段。

（3）发电。美国最先开发利用了垃圾固形燃料发电技术，并已建立 37 处 RDF 发电站，占全部垃圾发电站的 21.6%。同时，日本也已经认识到废塑料能源发电背后蕴含的巨大潜能。日本为了更加集中地进行长期高效规模化发电，现已将一些小垃圾焚烧站改为 RDF 生产站，经过改变之后，垃圾发电站的蒸汽参数由原本的 30012 提高到 45012，发电效率也从原来的 15% 提高到 20% ～25%。

笔记

第十章 科技类

课程一：太阳能滴灌浇花

<table>
<tr><td>类别</td><td>可再生资源</td><td rowspan="2">课程
时长</td><td rowspan="2">60 分钟</td></tr>
<tr><td>课程</td><td>太阳能滴灌浇花</td></tr>
<tr><td>课程
任务</td><td>通过让学生自己动手完成太阳能滴灌浇花的模型，让学生亲自体验太阳能在生活中的运用，引导学生主动发现生活中太阳能的应用，提高学生的节能环保意识</td><td>课程
要求</td><td>1. 帮助学生了解太阳能，引导学生了解和发现可再生能源
2. 学生自己动手，组装太阳能滴灌浇花模型，能彻底理解此模型的工作原理
3. 通过太阳能在实际生活中的运用，引导学生增强节能环保意识</td></tr>
<tr><td>课程
背景
分析</td><td colspan="3">太阳能滴灌浇花是对可再生资源的循环利用，课程中可通过播放小视频、观察图片、文字表达等活动，带领学生了解和辨别可再生资源和不可再生资源，发现生活中可再生资源的运用实例，从而进一步提高学生的节能环保意识。通过在活动中的亲身体验，让学生领悟可再生资源的背后蕴含的深刻意义</td></tr>
<tr><td>课程
目标</td><td colspan="3">1. 帮助学生了解和区分可再生资源和不可再生资源
2. 每个同学都能独自成功安装模型，并知道工作原理
3. 能举例说明可再生资源在生活中的运用（风力发电、太阳灶等）</td></tr>
<tr><td>课程
准备</td><td colspan="3">学习单、中性笔、纸杯、PPT</td></tr>
<tr><td>课堂
安全</td><td colspan="3">1. 课前检查场地器材，检查学生携带教学用具等减少安全隐患的发生
2. 课上安排活动的同时观察学生，对特殊情况的学生特殊照顾
3. 如果遇到学生受伤，根据教师的专业知识及时进行处理
4. 遭遇情况严重的突发事件及时拨打 120 急救
5. 通过教师的细心组织安排，确保学生安全第一</td></tr>
<tr><td></td><td>学生主要活动</td><td>老师指导要点</td><td>意图说明</td></tr>
<tr><td>初次
体验
创意
创造
25min</td><td>学生们把老师的问题记到自己的学习单上，然后根据老师的问题，每个同学至少写出三个不同的答案
学生们仔细观看老师播放的视频，结束后与自己写出来的答案仔细查对，看是否有一样的</td><td>老师提出一个问题：如果家中有种植盆花，家人都外出旅游好几天，那盆花的浇水问题该怎么解决呢
老师播放一段太阳能滴灌浇花的视频</td><td>创设情境，导入课程，师生互动
提出太阳能滴灌浇花</td></tr>
</table>

笔记

续表

<table>
<tr><td>再次体验创新创造 45min</td><td>把学生按照每组六人分组，然后开始动手组装太阳能滴灌浇花模型，将组装过程中遇到的问题记录下来</td><td>老师引导：解决学生在组装过程中遇到的问题，向同学们讲述模型的工作原理，并让学生们完全理解</td><td>反馈主题，无人浇灌时，盆花可以在太阳能的作用下得到水的滋润，并健康地生长</td></tr>
<tr><td>教学内容总结</td><td colspan="3">这节课折射的主题是可再生资源在生活中的实际运用，节能环保是我们每个人应尽的责任和义务。让学生通过自己的亲身操作中明白可再生资源的运用是多么重要。太阳能在生活中的应用有哪些，比如：
1. 太阳电池的使用，其工作原理是通过光电转换把太阳光中包含的能量转化为电能
2. 使用太阳能热水器，利用太阳光的热量加热水
3. 利用太阳光的热量加热水，并利用热水发电
4. 利用太阳能进行海水淡化等
太阳能既是一次能源，又是可再生能源。它资源丰富，既可免费使用，又无须运输，对环境无任何污染。它的循环利用为人类创造了一种新的生活形态，使社会及人类进入一个节约能源减少污染的时代</td></tr>
<tr><td rowspan="3">活动总结</td><td>我的收获</td><td colspan="2">教学生的过程，也是自己学习的过程，和学生们一起动手见证科技力量的伟大，是一件很有成就感的事情。学习无处不在，发现无处不在，收获无处不在</td></tr>
<tr><td>我的不足</td><td colspan="2">课堂是一个“动”的状态，在整个课程的时间把控上还有缺陷</td></tr>
<tr><td>改进措施</td><td colspan="2">合理安排课程时间，全面考虑不可定因素</td></tr>
</table>

<table>
<tr><td colspan="5">中小学生劳动教育实践活动评价表</td></tr>
<tr><td>学校</td><td colspan="4"></td></tr>
<tr><td>班级</td><td colspan="2"></td><td>人数</td><td>人</td></tr>
<tr><td>评价标准</td><td>分值（分）</td><td>分数小计（分）</td><td colspan="2">老师评价</td></tr>
<tr><td>参与全过程</td><td>20</td><td></td><td colspan="2" rowspan="8"></td></tr>
<tr><td>积极主动参与劳动</td><td>15</td><td></td></tr>
<tr><td>能从中寻找科学道理</td><td>15</td><td></td></tr>
<tr><td>能从中体会劳动的乐趣</td><td>15</td><td></td></tr>
<tr><td>能在活动中树立劳动榜样</td><td>15</td><td></td></tr>
<tr><td>在活动中带动周围同学进行劳动</td><td>10</td><td></td></tr>
<tr><td>在活动中能注意自己和他人的安全</td><td>10</td><td></td></tr>
<tr><td>合计：</td><td>100</td><td></td></tr>
</table>

笔记

课程二：扫地机器人

<table>
<tr><td>类别</td><td>保护环境</td><td rowspan="2">课程时长</td><td rowspan="2">60 分钟</td></tr>
<tr><td>课程</td><td>扫地机器人</td></tr>
<tr><td>课程任务</td><td>通过学生自己动手完成扫地机器人的组装和使用，亲自体验科技发展带来的便利，引导学生理解扫地机器人的工作原理，增强学生保护环境的意识</td><td>课程要求</td><td>1. 帮助学生了解扫地机及吸尘器
2. 学生自己动手，组装扫地机器人，并能彻底理解其工作原理
3. 通过扫地机器人在日常生活中的实际运用，增强学生保护环境的意识</td></tr>
<tr><td>课程背景分析</td><td colspan="3">扫地机器人是由吸尘器发展而来的清洁工具，其目的为了清扫地面，一般工作的对象针对地面的灰尘、纸屑以及其他一些小尺寸物体。随着科技的发展、人工智能技术的进步，越来越多的家庭开始使用扫地机器人。本次课程通过学生们亲自动手操作组装扫地机器人，引导学生勤思动脑动手，让学生领悟在日常生活中保护环境的重要性</td></tr>
<tr><td>课程目标</td><td colspan="3">1. 帮助学生了解清洁地面的相关设备，智能化的扫地机器人
2. 确保每个同学都能独自完成扫地机器人的安装，并了解其工作原理
3. 让学生从自身做起，做一个保护环境的“好学生”</td></tr>
<tr><td>课程准备</td><td colspan="3">学习单、笔记本、中性笔、纸杯、PPT</td></tr>
<tr><td>课堂安全</td><td colspan="3">1. 课前检查场地器材，检查学生携带教学用具等减少安全隐患的发生
2. 课上安排活动的同时观察学生，对特殊情况的学生特殊照顾
3. 如果遇到学生受伤，根据教师的专业知识及时进行处理
4. 情况严重的突发事件及时拨打 120 急救
5. 通过教师的细心组织安排，确保学生安全第一</td></tr>
<tr><td></td><td>学生主要活动</td><td>老师指导要点</td><td>意图说明</td></tr>
<tr><td>初次体验创意创造25min</td><td>同学们认真听讲，做好笔记，然后积极回答老师的问题，回想当家里大扫除时，自己都做过什么清扫
同学们认真观看视频，想想自己认不认识扫地机器人，设想一下其组成和工作原理有哪些可能</td><td>老师提出问题：当同学们放假的时候，有没有帮助父母打扫卫生的经历
老师给同学们播放一段扫地机器人工作的视频</td><td>创设情境，师生互动，导入主题
提出扫地机器人</td></tr>
<tr><td>再次体验创新创造45min</td><td>把班上同学按照六个人一组分组，每组选出一个组长计时并记录在组装过程中遇到的问题，然后开始动手组装</td><td>老师引导：解决学生在组装过程中遇到的问题，让学生们明白其工作原理，并让学生说说自己的感想</td><td>反馈主题，让扫地机器人能把灰尘和纸屑等小体积的物体清扫干净</td></tr>
</table>

笔记

续表

教学内容总结	这节课主人公是扫地机器人。在日常生活中，随着科技的进步与飞速发展，扫地机器人走近千家万户，越来越常见，也越来越智能化。尤其是在长期忙于工作的家庭中，扫地机器人更是不可或缺的存在。在一些大型场合，比如学校、商场、图书馆等地方，干净舒适的环境更能让我们保持一个好的心情 在和学生共同体验的过程中，亲自见证了科技带来的伟大力量，能让学生们切身体会到保护环境的重要性，引导学生从自身做起，从小培养学生有文明有社会责任心。教导学生在日常生活中帮父母做一些力所能及的家务，多多理解父母的辛苦，争取在校做个好学生，在家做个好孩子	
活动总结	我的收获	教学是一门艺术，教学语言更是一门艺术，扣人心弦的过渡语言，能烘托课堂的气氛，同时也能激发学习兴趣，为学生理解内容奠定了基础
	我的不足	简洁、准确的课堂语言，能使学生的心灵受到震撼，唤醒学生沉睡的记忆。而我在课堂语言上还有很大的不足
	改进措施	在备课时查漏补缺，去繁从简，注意语言的简洁和准确性

中小学生劳动教育实践活动评价表			
学校			
班级		人数	人
评价标准	分值（分）	分数小计（分）	老师评价
参与全过程	20		
积极主动参与劳动	15		
能从中寻找科学道理	15		
能从中体会劳动的乐趣	15		
能在活动中树立劳动榜样	15		
在活动中带动周围同学进行劳动	10		
在活动中能注意自己和他人的安全	10		
合计：	100		

笔记

课程三：红绿灯

<table>
<tr><td>类别</td><td>交通规则</td><td rowspan="2">课程时长</td><td rowspan="2">60 分钟</td></tr>
<tr><td>课程</td><td>红绿灯</td></tr>
<tr><td>课程任务</td><td>通过学生自己动手完成红绿灯模型，并理解其工作原理。学生在自己动手操作的过程中，会逐渐加深“红灯停、绿灯行、黄灯亮了停一停”的交通规则，牢记在出行时遵守交通规则，保护自身安全</td><td>课程要求</td><td>1. 帮助学生了解交通规则
2. 学生自己动手，组装红绿灯模型，能彻底理解此模型的工作原理
3. 通过亲手制作红绿灯，熟悉并牢记交通规则，并在生活中严格遵守交通规则</td></tr>
<tr><td>课程背景分析</td><td colspan="3">红绿灯是道路交通管理的重要安全产品，无论是汽车还是行人，只要是在道路上行走，就必须严格遵守交通规则并遵守交通信号灯。交通事故频发提醒着我们要加强交通安全教育，让学生们了解一些交通中的风险因素，了解遵守交通规则的重要性，学会如何保护自己</td></tr>
<tr><td>课程目标</td><td colspan="3">1. 帮助学生了解交通规则和交通信号灯
2. 每个同学都能独自安装成功模型，并知道工作原理
3. 引导学生增强自我保护意识，树立起遵守交通规则和交通信号灯的意识</td></tr>
<tr><td>课程准备</td><td colspan="3">笔记本、中性笔、PPT</td></tr>
<tr><td>课堂安全</td><td colspan="3">1. 课前检查场地器材，检查学生携带教学用具等减少安全隐患的发生
2. 课上安排活动的同时观察学生，对特殊情况的学生特殊照顾
3. 如果遇到学生受伤，根据教师的专业知识及时进行处理
4. 情况严重的突发事件及时拨打 120 急救
5. 通过教师的细心组织安排，确保学生安全第一</td></tr>
<tr><td></td><td>学生主要活动</td><td>老师指导要点</td><td>意图说明</td></tr>
<tr><td>初次体验创意创造 25min</td><td>学生认真观看视频，仔细观察视频中出现了哪些东西，并认真记录到自己的笔记本上</td><td>老师播放一段行车行人的视频，引导学生注意红绿灯</td><td>创设情境
师生互动
引出主题</td></tr>
<tr><td>再次体验创新创造 45min</td><td>在老师的安排下，把学生分成几个小组，每组六个同学。每组选出一个组长，记录组装过程中遇到的问题，并记录组装时长，其他同学积极参与，在亲手操作的过程中，思考其工作原理</td><td>给学生红绿灯的零部件，引导学生组装，并解决学生在组装过程中的问题</td><td>回馈主题，提出交通信号灯，引导学生在日常生活中要遵守交通规则和交通信号灯</td></tr>
</table>

笔记

续表

<table>
<tr><td>教学内容总结</td><td colspan="2">这节课折射的主题是交通规则和交通信号灯，在交通不断迅速发展、交通事故频发的今天，加强学生的交通安全教育刻不容缓。学生在自己亲手组装红绿灯的过程中，可以激发了学生的兴趣和创造性，尤其是在自己制作的红绿灯能正常运作时，学生心里会充满成就感，同时能让学生增强自信心。引导学生将学到的知识要运用在日常生活中，真正践行“实践是检验真理的唯一标准”，在上下学的路上遵守交通规则和交通信号灯，做一个有学识有文明有素质的好学生、学公民</td></tr>
<tr><td rowspan="3">活动总结</td><td>我的收获</td><td>通过活动使我更加明白“纸上得来终觉浅，绝知此事要躬行”的真谛,这是学生在课堂上学不到的东西,这会是学生一次美好珍贵的体验,这次活动也让我受益匪浅</td></tr>
<tr><td>我的不足</td><td>在师生互动的时候，似乎只停留在形式上，没有真正调动起学生的课堂积极性</td></tr>
<tr><td>改进措施</td><td>从学生的角度思考切入点，找学生感兴趣的话题展开本节课的内容</td></tr>
</table>

<table>
<tr><td colspan="5">中小学生劳动教育实践活动评价表</td></tr>
<tr><td>学校</td><td colspan="4"></td></tr>
<tr><td>班级</td><td colspan="2"></td><td>人数</td><td>人</td></tr>
<tr><td>评价标准</td><td>分值（分）</td><td>分数小计（分）</td><td colspan="2">老师评价</td></tr>
<tr><td>参与全过程</td><td>20</td><td></td><td colspan="2" rowspan="8"></td></tr>
<tr><td>积极主动参与劳动</td><td>15</td><td></td></tr>
<tr><td>能从中寻找科学道理</td><td>15</td><td></td></tr>
<tr><td>能从中体会劳动的乐趣</td><td>15</td><td></td></tr>
<tr><td>能在活动中树立劳动榜样</td><td>15</td><td></td></tr>
<tr><td>在活动中带动周围同学进行劳动</td><td>10</td><td></td></tr>
<tr><td>在活动中能注意自己和他人的安全</td><td>10</td><td></td></tr>
<tr><td>合计：</td><td>100</td><td></td></tr>
</table>

笔记

课程四：自动饮水机

<table>
<tr><td>类别</td><td>智能化设备</td><td rowspan="2">课程时长</td><td rowspan="2">60 分钟</td></tr>
<tr><td>课程</td><td>自动饮水机</td></tr>
<tr><td>课程任务</td><td>通过学生动手做自动饮水机，让学生了解电子电路的应用和连接及相关的物理知识。明白其“杯子放上会自动打水，杯子拿开会停止打水”的工作原理，激发学生的兴趣及创造性</td><td>课程要求</td><td>1. 学习简单的线路串联及应用等物理知识
2. 思考自动饮水机为什么会是感应的
3. 充分理解自动饮水机的工作原理</td></tr>
<tr><td>课程背景分析</td><td colspan="3">随着时代与科技的发展，人们在生活中的智能化设备越来越多。饮水机就是在现实生活中特别常见的智能化设备之一，它的设计随着不断地改进越来越智能化、自动化。本课程的主题是自动饮水机智能化，即杯子放上会自动打水，杯子拿开会停止打水，这是未来智能化设备发展的大趋势。从生活实际出发，让学生通过自己的亲身体验，了解自动饮水机的功能，这样他们就能更加理解智能化给人们生活带来的便利</td></tr>
<tr><td>课程目标</td><td colspan="3">1. 引导学生成功组装自动饮水机设备
2. 学习到电子电路的应用和连接等简单的物理知识，了解到电路连接有串联和并联两种方式
3. 理解自动饮水机的感应原理</td></tr>
<tr><td>课程准备</td><td colspan="3">笔记本、中性笔、PPT</td></tr>
<tr><td>课堂安全</td><td colspan="3">1. 课前检查场地器材，检查学生携带教学用具等减少安全隐患的发生
2. 课上安排活动的同时观察学生，对特殊情况的学生特殊照顾
3. 如果遇到学生受伤，根据教师的专业知识及时进行处理
4. 情况严重的突发事件及时拨打 120 急救
5. 通过教师的细心组织安排，确保学生安全第一</td></tr>
<tr><td></td><td>学生主要活动</td><td>老师指导要点</td><td>意图说明</td></tr>
<tr><td>初次体验创意创造
25min</td><td>同学们认真观看图片，思考饮水机的发展历程，并做好笔记</td><td>老师在 PPT 中展示各种各样的饮水机，可以由最原始到智能化的顺序播放</td><td>由图片引出主题——饮水机</td></tr>
<tr><td>再次体验创新创造
45min</td><td>先把学生按照六个人一组分类，再把自动饮水机的组装零件发给各组，然后开始组装。选出一个组长记录在组装过程中遇到的问题，并记录组装时长</td><td>解决学生在组装过程中遇到的问题，引导学生认真研究电子电路的连接</td><td>回馈主题，了解自动饮水机在日常生活中给人们带来的便利</td></tr>
</table>

笔记

续表

教学内容总结	这节课主要讲了自动饮水机的相关知识，感应饮水机是一个智能化的设备，这是科技发展的必然趋势，本节课程通过模拟实验自动饮水机的工作原理，让学生们意识到社会科技智能化的发展为人们的生活带来了多么大的便利。学生是将来社会的接班人，从小培养他们对科技智能方面的兴趣，可以激发他们的积极性和创造性，这是现代教育中必不可少的一部分	
活动总结	我的收获	只要耕耘，就有收获。在备课、讲课的过程中，都会让我成长，查找相关资料的同时，我也学到了新的知识。有句话说的特别好“老师是一个永远毕不了业的学生”,树立“活到老学到老”的意识,认真工作，刻苦钻研，不断地提升自己的能力
	我的不足	在我意识到有些方面自己知识很匮乏、浅陋，在工作中容易被俗念束缚
	改进措施	在空闲之余多阅读书籍，拓展自己的知识面。在工作中坚持自己的想法，创新创意

中小学生劳动教育实践活动评价表

学校			
班级		人数	人

评价标准	分值（分）	分数小计（分）	老师评价
参与全过程	20		
积极主动参与劳动	15		
能从中寻找科学道理	15		
能从中体会劳动的乐趣	15		
能在活动中树立劳动榜样	15		
在活动中带动周围同学进行劳动	10		
在活动中能注意自己和他人的安全	10		
合计：	100		

笔记

课程五：台式电风扇

类别	能量转换	课程时长	60 分钟
课程	台式电风扇		
课程任务	通过学生自己动手安装台式电风扇，了解能量之间的转换，引发出物理学上的“能量守恒定律”，涉及电动、风力等知识，同时学会简单的电路知识	课程要求	1. 帮助学生了解能量守恒定律，以及简单的电路知识 2. 学生自己动手组装，并能彻底理解其工作原理，能量之间的相互转换 3. 通过台式电风扇的实际运用，引发学生对物理知识的浓厚兴趣
课程背景分析	本节课所涉及的内容是台式电风扇，主要利用电能和机械能以及电风扇在我们日常生活中很常见，尤其在炎热的夏天，我们经常会使用电风扇。本课程中涉及了自然能（风能）的转换原理，电机通过后带动叶轮高速旋转，加快空气对流速度，加速能量散发，使人感到凉爽。希望通过电风扇在生活中的运用，让学生明白知识的重要性		
课程目标	1. 让学生再次学习“能量守恒定律”，巩固理论知识 2. 每个同学都能独自完成台式电风扇的安装，并知道工作原理 3. 引导学生把理论知识运用到实际生活中		
课程准备	笔记本、中性笔、PPT		
课堂安全	1. 课前检查场地器材，检查学生携带教学用具等减少安全隐患的发生 2. 课上安排活动的同时观察学生，对特殊情况的学生特殊照顾 3. 如果遇到学生受伤，根据教师的专业知识及时进行处理 4. 情况严重的突发事件及时拨打 120 急救 5. 通过教师的细心组织安排，确保学生安全第一		
	学生主要活动	老师指导要点	意图说明
初次体验创意创造 15min	学生积极回答老师的问题，并最好笔记 复习巩固在课本上学到的“能量守恒定律”理论知识	老师提问：夏天的时候，我们会用哪种方式降温 由电风扇的工作原理，引导学生回答能量守恒定律	创设情境，师生互动，引出课题
再次体验创新创造 45min	先把学生按照六个人一组分类，再把台式电风扇的组装零件发给各组，然后开始组装。选出一个组长记录在组装过程中遇到的问题，并记录组装时长	老师解决学生在组装过程中遇到的问题。 注：此模型的装配、接线等都相对容易，旨在了解能量转换和简单的电路问题	回馈主题，体现能量转换在生活中运用，引导学生明白理论付诸实践的重要性

笔记

续表

<table>
<tr><td>教学内容总结</td><td colspan="2">本节课所包含的主要内容是能量守恒定律，能量不会凭空出现也不会凭空消失，它只会从一种形式转化为另一种形式，而能量的总量不变。台式电风扇是利用电能与机械能以及风能的转换原理，通过理论知识在实践中的使用，引导学生理解知识的重要性，燃起对物理等知识的兴趣</td></tr>
<tr><td rowspan="3">活动总结</td><td>我的收获</td><td>将理论知识运用于实践中，并亲身体验，是一件很有成就感的事情。知识改变命运，在知识面前人人平等，只要努力奋斗的人，才会在知识的海洋里遨游，能真正体会知识带来的快乐</td></tr>
<tr><td>我的不足</td><td>备课思路太狭隘，太程式化，对学生的带动性差，课堂氛围较为死板</td></tr>
<tr><td>改进措施</td><td>站在学生的角度去思考，从他们感兴趣的角度出发备课，更好地提高课堂效率</td></tr>
</table>

<table>
<tr><td colspan="4">中小学生劳动教育实践活动评价表</td></tr>
<tr><td>学校</td><td colspan="3"></td></tr>
<tr><td>班级</td><td></td><td>人数</td><td>人</td></tr>
<tr><td>评价标准</td><td>分值（分）</td><td>分数小计（分）</td><td>老师评价</td></tr>
<tr><td>参与全过程</td><td>20</td><td></td><td rowspan="8"></td></tr>
<tr><td>积极主动参与劳动</td><td>15</td><td></td></tr>
<tr><td>能从中寻找科学道理</td><td>15</td><td></td></tr>
<tr><td>能从中体会劳动的乐趣</td><td>15</td><td></td></tr>
<tr><td>能在活动中树立劳动榜样</td><td>15</td><td></td></tr>
<tr><td>在活动中带动周围同学进行劳动</td><td>10</td><td></td></tr>
<tr><td>在活动中能注意自己和他人的安全</td><td>10</td><td></td></tr>
<tr><td>合计：</td><td>100</td><td></td></tr>
</table>

笔记

课程六：传送带

<table>
<tr><td>类别</td><td>工业运输</td><td rowspan="2">课程时长</td><td rowspan="2">60 分钟</td></tr>
<tr><td>课程</td><td>传送带</td></tr>
<tr><td>课程任务</td><td>通过学生动手组装传送带，了解其是如何实现运输功能的。线控器转换电源正负极控制传送带正转和反转进而引导学生思考如何更简便地完成运输工作</td><td>课程要求</td><td>1. 帮助学生了解传送带是什么
2. 学生自己动手组装，并能彻底理解其工作原理
3. 通过传送带的运用，引发学生对工业运输的深入思考</td></tr>
<tr><td>课程背景分析</td><td colspan="3">本节课内容主题为传送带，这是工业运输的一种方式。工业运输是主要是指工业企业为组织生产、再生产所进行的各种运输。按其活动范围可分为厂外运输和厂内运输。按物料移动方向，可分为水平运输（如传送带运输）、垂直运输（如升降机运输）、水平垂直运输（如行车运输）；按运输的连续与否，可分为连续性运输（如管道输送）、间断性运输（如手推车运输）。本节课我们主要讲水平运输，即传送带，引导学生正确使用传送带及相关知识</td></tr>
<tr><td>课程目标</td><td colspan="3">1. 让学生简单了解工业运输，理解什么是传送带
2. 每个同学都能独自完成传送带的安装，并知道工作原理
3. 引导学生把理论知识运用到实际生活中</td></tr>
<tr><td>课程准备</td><td colspan="3">笔记本、中性笔、PPT</td></tr>
<tr><td>课堂安全</td><td colspan="3">1. 课前检查场地器材，检查学生携带教学用具等减少安全隐患的发生
2. 课上安排活动的同时观察学生，对特殊情况的学生特殊照顾
3. 如果遇到学生受伤，根据教师的专业知识及时进行处理
4. 情况严重的突发事件及时拨打 120 急救
5. 通过教师的细心组织安排，确保学生安全第一</td></tr>
<tr><td></td><td>学生主要活动</td><td>老师指导要点</td><td>意图说明</td></tr>
<tr><td>初次体验创意创造 15min</td><td>学生认真听讲，可以发挥自己的想象，如果是自己，该怎么处理？做好笔记，写下自己的答案</td><td>以快递为话题发问：如果给你一大货车快递，你将如何转移到室内
老师提出传送带运输方式</td><td>创设情境，师生互动，引出课题</td></tr>
<tr><td>再次体验创新创造 45min</td><td>先把学生按照六个人一组分类，再把传送带的组装零件发给各组，然后开始组装。选出一个组长记录在组装过程中遇到的问题，并记录组装时长</td><td>老师解决学生在组装过程中遇到的问题。注：此模型的装配、接线等都相对容易，旨在了解运输的方式</td><td>回馈主题，引导学生敢于发挥想象力，思考实际生活中遇到问题时如何处理</td></tr>
</table>

笔记

续表

<table>
<tr><td>教学内容总结</td><td colspan="2">随着计算机、网络通信、自动化技术的发展，现在的工厂及生产线的建设和改造正朝着自动化、网络化、信息化的方向发展，传送带作为生产系统中的重要物料运输工具，其作用非常重要。本课通过带领学生完成传送带的组装，让我们领略了科技的力量是多么伟大</td></tr>
<tr><td rowspan="3">活动总结</td><td>我的收获</td><td>通过此次课程设计，使我更扎实的掌握了有关工业运输方面的知识，虽然各种查资料花费了大量的时间，但是在不懈的坚持下，最终完成了本课的准备工作。通过动手亲自制作，让学生明白把知识用于生活中，是特别有意义的事情</td></tr>
<tr><td>我的不足</td><td>关于传送带方面的知识太欠缺，花费了大量的时间来填补自己这方面知识的匮乏</td></tr>
<tr><td>改进措施</td><td>在工作闲暇之余多看书籍，扩展自己的知识面，努力成为学生心目中“百科全书”式的老师</td></tr>
</table>

<table>
<tr><td colspan="4">中小学生劳动教育实践活动评价表</td></tr>
<tr><td>学校</td><td colspan="3"></td></tr>
<tr><td>班级</td><td></td><td>人数</td><td>人</td></tr>
<tr><td>评价标准</td><td>分值（分）</td><td>分数小计（分）</td><td>老师评价</td></tr>
<tr><td>参与全过程</td><td>20</td><td></td><td rowspan="8"></td></tr>
<tr><td>积极主动参与劳动</td><td>15</td><td></td></tr>
<tr><td>能从中寻找科学道理</td><td>15</td><td></td></tr>
<tr><td>能从中体会劳动的乐趣</td><td>15</td><td></td></tr>
<tr><td>能在活动中树立劳动榜样</td><td>15</td><td></td></tr>
<tr><td>在活动中带动周围同学进行劳动</td><td>10</td><td></td></tr>
<tr><td>在活动中能注意自己和他人的安全</td><td>10</td><td></td></tr>
<tr><td>合计：</td><td>100</td><td></td></tr>
</table>

笔记

课程七：水果发电

<table>
<tr><td>类别</td><td>电解质</td><td rowspan="2">课程时长</td><td rowspan="2" colspan="2">60 分钟</td></tr>
<tr><td>课程</td><td>水果发电</td></tr>
<tr><td>课程任务</td><td>帮助学生区分铜片和锌片的电化学活泼性，了解金属能置换出水果中酸性物质的氢离子，从而产生电荷，在组成原电池的情况下，自由电子在回路中运动，从而保持系统的稳定，让学生了解到基本的物理知识</td><td>课程要求</td><td colspan="2">1. 帮助学生了解化学反应，区分金属的电化学活泼性
2. 水果发电的组装很简单，但要理解发电的根本原因
3. 让学生发现我们日常生活中常见的物理和化学应用，了解化学的根本反应和简单的理论知识</td></tr>
<tr><td>课程背景分析</td><td colspan="4">本节课是物理知识在生活中的运用实例，在八年级物理下册第六章第二节“动手动脑学物理”中，包括了制作水果电池题目内容，两种不同的金属片放在酸碱盐的溶液中，就能成为一个电池，所用的金属片就是电池的正极和负极。让学生试验，如果把铜丝和铁丝插到菠萝里，能不能成为一个水果电池？铜丝和铁丝哪个是正极？换用其他的金属或者水果再做试验</td></tr>
<tr><td>课程目标</td><td colspan="4">1. 让学生理解水果发电的原理
2. 每组同学都可以换用几种金属或水果，试试能不能组成水果电池
3. 引导学生多动手多动脑</td></tr>
<tr><td>课程准备</td><td colspan="4">笔记本、中性笔、水果（柠檬、酸橙、苹果、梨、菠萝）、PPT</td></tr>
<tr><td>课堂安全</td><td colspan="4">1. 课前检查场地器材，检查学生携带教学用具等减少安全隐患的发生
2. 课上安排活动的同时观察学生，对特殊情况的学生特殊照顾
3. 如果遇到学生受伤，根据教师的专业知识及时进行处理
4. 情况严重的突发事件及时拨打 120 急救
5. 通过教师的细心组织安排，确保学生安全第一</td></tr>
<tr><td></td><td>学生主要活动</td><td colspan="2">老师指导要点</td><td>意图说明</td></tr>
<tr><td>初次体验创意创造 15min</td><td>经老师的引导，学生回忆已学过的知识，回答老师的问题。跟着老师的思路，试想换了水果或者金属，会出现什么样的结果</td><td colspan="2">引导学生回顾八年级下册学到的金属片放在酸碱盐溶液中，能为一个电池的物理知识，引出金属片放在水果中，也会成为一个电池的实例</td><td>创设情境，师生互动，引出主题</td></tr>
</table>

笔记

续表

再次体验创新创造45min	先把学生按照六个人一组分类，再把导线和LED等件发给各组，然后开始试验。每组学生可以拿不同的水果做实验。选出一个组长记录在组装过程中遇到的问题，并记录组装时长	老师解决学生在组装过程中遇到的问题 注：水果发电的组装相对容易，旨在理解其工作原理	回馈主题，不同的水果、不同的金属，其发生的结果是不一样的
教学内容总结	本节课主题是关于水果电池的相关内容，水果中的果酸可作为电解质来构成导通回路，作为电池正负极的金属片采用铜片和锌片，由于锌片的活动性较强，易失去电子，因此作为负极，相对而言，铜片的活动性较弱，不易失去电子，因此作为正极。铜片和锌片通过电解质（即水果中富含的果酸）和导线构成闭合回路，铜片置换出果酸中的氢离子产生正电荷，锌片失去电子产生负电荷，因此闭合回路中产生电流，若在该电路中再连接一个LED的话，灯泡便可以发光		
活动总结	我的收获	经过多次实验，同学们会得到不一样的结论，只有亲手实践了，学生才会理解得更透彻。“纸上得来终觉浅，绝知此事要躬行”，体现的就是这个道理	
	我的不足	我认为学生的学习效率和速度有点低，课堂上没有充分利用评价机制，导致个别学生学习兴趣不浓	
	改进措施	加强每个学生的训练，做到明确分工，责任到人，来提高学习效率	

中小学生劳动教育实践活动评价表

学校			
班级		人数	人
评价标准	分值（分）	分数小计（分）	老师评价
参与全过程	20		
积极主动参与劳动	15		
能从中寻找科学道理	15		
能从中体会劳动的乐趣	15		
能在活动中树立劳动榜样	15		
在活动中带动周围同学进行劳动	10		
在活动中能注意自己和他人的安全	10		
合计：	100		

笔记

第十一章　其他类

课程一：窗户

（一）窗户的历史沿革

在宋代之前，窗户都是统一的竖格形式，后来，横格式窗户出现了，再后来，窗户又有了斜格形式，并且增添了大量的雕饰。这时，窗户除却采光功能外，还增添了装饰的功能。比如明清时期的窗户，除了实用之外，更多起到的便是美观大方的装饰作用。

古代的窗户是没有玻璃的，没有玻璃，窗户就不能做得太大，否则一刮风，糊窗户的纸张就会破掉。所以，古代的窗户都会添加“窗棂格”，窗棂格的作用就是保证窗户的强度。图 2-11-1 为残破的纸糊窗。

唐代以前，人们也偶尔用纸来糊窗户，但那时候还没有大面积的纸张，人们多用丝绸品代替窗户纸。但丝绸品造价太贵，且透光性也不是很好。这个问题直到明清时期才得到解决。

明清之后，纸张被广泛应用到窗户上。而且，这些窗户纸的拉力很好，可以不停更换。北方人会在窗户上糊两层纸，这样既保暖，又防坏。而南方人只需将纸糊在里侧，窗棂看得很清楚，这就是因地域产生的糊窗讲究。

笔记

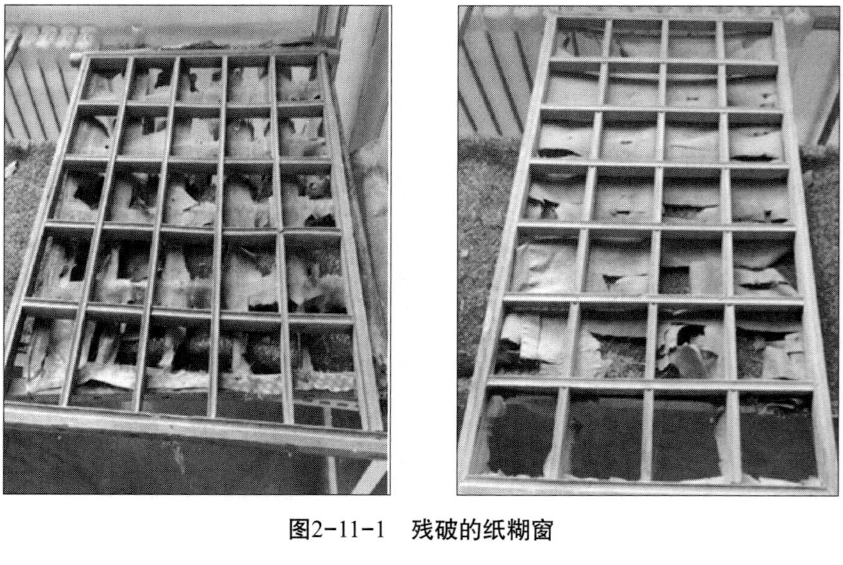

图2-11-1　残破的纸糊窗

窗户的历史是伴随人们的居住历史而逐渐演化的，如果说房梁柱子是支撑房屋结构的重点，那么门窗就是房屋装饰中至关重要的部分。

自古以来，中国房屋便有“坐北朝南”的传统。而传统的院落由外而内的次序为“门”“庭”“堂”“室”。古时候，“窗”大多指“天窗”，墙壁上开的窗户被称作“牖”，室内北侧墙上的窗户则被称作“向”。

南方的窗户在色彩上普遍比北方明艳，尤其是江南水乡，其窗户更是油光锃亮。原来，南方气候湿润，人们会在窗户外表涂上一层油漆防腐。这样一来，窗户也会显得格外清新淡雅。不过，对于寺庙、宫殿等特殊建筑，无论是南方还是北方，人们都要在窗户上涂一层重彩油漆，这样才显得庄重华丽。

窗棂是由木条拼接成连续图案的部分，也是隔扇的主要部位，常见的窗棂纹路有方格纹、寿字纹、万字纹、井字纹、夔龙纹、龟锦纹、菱花纹、团花纹、冰裂纹以及云纹等图案。

窗户上图案的艺术灵感来自其他图案，比如青铜器、古代玉器，以及各种纺织物的图样。这也从侧面表达了中国传统艺术的整体性与继承性。

（二）古代窗的发展及过程

从秦汉以来，中国古代建筑就处在不断变化发展之中，尤其是建筑的门面——门窗，更是随着建筑的变化而不断发生改变。

中国古代建筑大多以木头为材料，这种传统木构建筑的框架结构设计，也让窗户成为构成中国传统建筑的重要因素。

1. 窗的演变历史

通风、透光可以说是窗对于人的生活最主要的意义，明代文震亨所著的《长物志》就提到了窗户的透光性问题。如果一间房子没有窗户，那生活在其中的人很可能会因为感受不到风与光，而变得沉闷抑郁。

早期的窗户规格较小，我们可以参考农村灶房的烟囱，古时候的窗户就跟烟囱差不多大。所以,“窗”字下方是一个“囱”字。古时候，烟囱大小的窗户就是为了让人们透气、换气的，类似于现在的汽车天窗。

随着人类建筑形制的演变，这种“囱”开始被“牖”所取代,《说文解字》里有“在墙曰牖，在屋曰囱”的说法，由此可知，这“牖”是一种开在墙壁之上的窗，这与现在的窗已经颇为相似了。

再继续演化下去,“囱”就真的成了烟囱，而“牖”则逐渐发展为现在屋檐下的通风窗了。为了能够获得更多的光照，古人便不断增加窗的数量与大小，最终形成了现代我们所用的窗的模样。

在窗的形制设计上，古人们充分发挥了自己的想象力与创造力，他们将那些简单的线条和几何图形巧妙结合起来，制作出了一扇扇精美绝伦的窗。

板棂窗是较早出现的一种窗，它主要由窗框和竖向排列的棂条组成，背面通常会用纸糊住，是一种不可开启的固定窗。

笔记

支摘窗可以分上下两部分，上为支窗，下为摘窗，支窗部分可以支起，而摘窗多为固定形式。这类窗通常会做成内外两层，内层多为透风纱窗，这样在打开支窗后，纱窗还可以起到隔离蚊虫的作用。

漏窗可以说是形式最为自由的一种窗，虽然不能开启，但其却可以被做成任何形制，许多漏窗上的图案本身就是一种美丽的景致。透过漏窗装饰观看屋外的自然环境，更会有一种贴近自然之感。

空窗只有窗洞而没有窗棂，这种窗更多被设置在庭院中的墙壁上，目的是让几个相互隔绝的空间穿插渗透，将内外景致融合在一起。透过空窗观看外面的景色，会有一种空灵深邃的感觉。

相比于实用性特征，古人更多追求窗的艺术性特征，他们将所有的匠心与旨趣都用在了装饰窗子上，这也让窗一步步成了家居建筑最为明亮的“眼睛”。

2. 窗的开启形式

窗式包括直棂窗、槛窗、横披窗和漏窗等。其中，直棂窗是固定不能开启的，唐代以前多用直棂窗。宋代之后，可以开关的直棂窗逐渐多起来，其外形也发生了改变。

槛窗是从“格子门”演化而来的，横披窗比槛窗更加先进，它既可以采光通风，在造型上也更加小巧方便。比如山西朔县崇福寺弥陀殿前檐柱间保留的金代门窗槅扇门五间，这五间门窗槅扇门 1143 年（即金皇统三年）便在佛寺中使用，横披窗有四碗棱花等两种精美图案。

元代之后，横披窗变得更加广泛。漏窗比直棂窗、槛窗、横披窗更为复杂精美，也更让人叹为观止。

到了清朝，窗户的类型明显增多，且窗棂图案更加复杂。这一时期，人们已经不满足于简单的井字格、柳条格、枕花格、锦纹格，而是研究出了精致复杂的十字海棠式、八方套六方式、套龟背锦式等纹格。这些图案为套叠式，即两种图案相叠加，看上去既美观又大方。江南地区也偏爱夔纹式纹格，这种纹格古朴大方，具有较强的美学价值。

3. 窗棂格的图案及雕刻手法

中国关于窗的雕刻工艺是经过数千年来摸索形成的传统技艺。中国传统雕刻手法分浮雕、透雕两种，中间会有一些攒插及一些插接。传统雕刻工艺比较复杂，虽然从表面来看，这些工艺只是让窗子看上去“花哨”一点，但实际上，这种工艺却是独具匠心的。传统匠人会更加注重细节部分，比如在雕刻人物时，男人的肌肉要比女人的更有起伏性，而女人的脸部相对男人的则更加平滑。清代之后，西方人陆陆续续来中国朝贡，这时，工匠又会刻意将中国人、胡人、洋人区分开。工匠对细节的注重，也是民间文化代代传承的表现。

笔记

窗棂有格扇、板棂窗、支摘窗、隔断、遮羞窗之分。

即便在古代，窗子的作用也绝不仅仅是为了透光与通风。一个好的窗子，应当是一个好的画框。室人在面朝窗子时，首先感受到的应当是一幅优美的诗文图画，让人难以忘怀。

一方面人们可以透过窗子看到外面的风景；另一方面对人来说，窗户就像镶嵌在墙上的画作一般，所以，人们对窗子的传统构造十分讲究，也会在窗棂上雕刻各种花纹与线槽，使之看上去更加漂亮。

如果我们来到古代，就会发现古人对窗户十分讲究，因为古代窗户都是由木匠进行刨制的，所以传统房屋建筑中几乎没有形状一模一样的窗棂。

这些窗棂有“仙桃葫芦式”“福寿延年式”“石榴蝙蝠式”“扇状瓶形式”，每种造型都非常有趣。人们在窗前漫步，就如同在画廊中赏花一般。古代诗人就很喜欢在窗前漫游移步观景，并作出诸如“窗含西岭千秋雪，门泊东吴万里船”“今夜偏知春气暖，虫声新透绿窗纱”“画栋朝飞南浦云，珠帘暮卷西山雨”“梦觉隔窗残月尽，五更春鸟满山啼”“深秋帘幕千家雨，落日楼台一笛风”的诗句。

古时候，人们的知识大多不是靠书本获取，而是靠现实生活中常见的东西来获取的。比如一些花鸟人物，它们通过门窗保留下来，大人在教育孩子时，就可以指着门窗上的花鸟说道，“这是翠鸟”“这是喜鹊”“这是蝙蝠”“这是月季”“这是牡丹”“这是蟠桃”……在这点上门窗还成了一个传播文化的良好途径。

中国是一个历史悠久的文明古国，窗棂文化则是中国历史文明文化的重要组成部分，它存在于人们生活的各个领域。如今，随着时代的发展，窗户逐渐变得千篇一律，窗棂文化更是慢慢湮灭在茫茫历史之中，这怎能不让人感怀呢？

课程二：木夯

（一）木夯的释义

木夯，是一种木制用于建筑的早期工具，其最早可以追溯到石器时代，我国考古学者曾在河姆渡遗址中出土过原始木夯。春秋战国时期，木夯已经基本形成并广泛应用于建筑物构建地基、墙壁时的夯土作业中。

木夯的使用方法是，以两人或多人共同举起，然后放手让其下落，利用其本身的重力来挤压一定范围内的建筑土，使土紧实成型，不易松散。

图 2-11-2 为木夯实物图，图 2-11-3 为学生们练习操作木夯。

（二）木夯的出处

老子《道德经》说：“合抱之木，生于毫末；九层之台，起于垒土……”垒土就是用木夯构建土基的过程。

曹禺《日出》第二幕中也有对木夯的描述：“现在他们正呼着‘小海号’，一个高亢的声音领头，二三十个嗓音接应着，唱声停顿的空间，夹杂着两三排木夯‘嗨唉，嗨唉’砸地的工作声。”

笔记

图2-11-2　木夯实物图

（a）

（b）

图2-11-3　学生们练习操作木夯

笔记

课程三：风匣

（一）风匣的释义

风匣，就是我们常说的“风箱”。图 2-11-4 为风匣实物图。

图2-11-4　风匣实物图

一个好风匣必须具备“性软”“不裂”“耐磨”的特点，所以，工匠做风箱时都会使用柳木。柳木弹性很好，质地不硬却耐磨损，再配上枣木杆，一只风匣能使用很长时间。枣木杆的作用是牵动“活塞”,“活塞”俗称“猫耳头”，就是一块立在箱内的，能够来回活动的长方形夹板。为了不让风匣不漏气，风匣扇的大小尺寸只需比风匣的内腔小上一点儿，且四周还需用牛筋绳紧紧地箍上一圈鸡毛。鸡毛非常柔软，既能起到密闭的作用，又不影响风匣扇的推拉。

（二）风匣的出处

我们都听过这样一句歇后语：风箱里的老鼠——两头受气。早在1977年1月7日,《吉林日报》就登过“一看原来是邓颖超同志正和妇女们在厨房里谈笑着，学着拉烧火的风匣呢”的报道。《人民文学》1980年第6期上，也有“李芳蹲在灶前点火做饭，轻轻地拉着风匣”的句子。

拉风匣这种体力活不仅要耗费体力，还很讲究技巧。比如“轻拉慢送”叫“游火”,“急拉狠送”叫“赶火”。烧水时，拉风匣的要“赶火”，蒸饭时，快蒸熟了便要“游火”。刚生起火的时候，拉风匣的人只需轻轻拉动，不然风一大，就很容易将火扇灭。所以说，拉风匣看上去有趣，但实际上还是相当费力且需要技巧的。

笔记

课程四：煤油炉

（一）煤油炉的发明

煤油炉出现于1880年代，是一种用明火烹煮东西的炉具，其燃料为煤油，粤语称其为“火水炉”。因为煤油炉煮食成本便宜，且轻巧便携，所以人们在登山远足和露营时经常使用这种炉具。煤油炉由F. W. Linqvist发明，它取代了传统烧炭、烧柴的炉具，虽然现在大部分家庭都很少能见到煤油炉了，但对于一些贫困国家或贫困家庭来说，煤油炉仍是烹煮食物的主要工具。

（二）煤油炉的结构

煤油炉的主要制作原料是铁皮，整体为圆柱形或方形，煤油炉大多是通体绿色或通体蓝色，基座是一个圆形铁锅样的铁箱，铁箱内部注满由十数条棉线（灯芯）吸引至煤油炉顶部的煤油，在生火煮食前，人们需用打火机或火柴给煤油炉点火，引火线为炉头露出的约半寸棉线。图2-11-5为煤油炉实物图。

（a）　　（b）

图2-11-5　煤油炉实物图

（三）煤油炉的使用

使用煤油炉时，要注意不要让煤油燃料用干，要经常添加煤油。添加煤油的时候，火要暂停，不然很容易发生危险。因为煤油炉使用的燃料是液体煤油，液体煤油属于可燃物，遇到明火便会起火。所以，当为没有熄灭的煤油炉添油时，里面的油蒸汽遇高热或火焰就会起火。如果煤油中掺入了汽油，或直接使用汽油代替煤油做燃料时，汽油与空气混合还会形成爆炸性混合物，点火时还会有爆炸的危险。因此，在使用煤油炉时一定要注意规范使用，避免发生危险。

笔记

（四）使用煤油炉的注意事项

（1）存放煤油炉时，要注意煤油炉附近不可存放可燃物，且不要把煤油炉放在容易打翻的地方。

（2）加注煤油时，一定要注意在炉火熄灭且炉体不热时操作。

（3）洒在炉体上或溢流到外面的油，要及时擦拭干净。

（4）不要用汽油代替煤油，也不要将汽油掺入煤油内混烧，以免发生爆炸。

（5）更换煤油炉的捻芯时，要注意使用与原来粗细相同的棉线。

（6）不要将汽化炉的储油罐储满，储油罐的油量应不超过整罐体积的四分之三，且打气不宜过多。当油发生汽化后，一定要先点火，再打开阀门放气。

（7）经常检查煤油炉的油管，一经发现损坏就要及时更换。

（8）在使用煤油炉时不得离开附近，不能让小孩子使用煤油炉，更不能将煤油炉交给小孩子玩耍。

（9）放进箱子或盒子前，要保证煤油炉彻底冷却。

课程五：八仙桌

（一）八仙桌的释义

桌子、几案类家具在中国有数千年历史，至少可追溯到有虞氏时代，当时，人们将桌子、几案称作“俎”，并将其用于祭祀活动。宋代文人高承在其所著的《事物纪原》中记载：“有虞三代有俎而无案，战国始有其称。”可见，到了周代后期，“案”的名称才出现。

“桌”的名称产生于五代时期，到了明清，桌子开始流行起来。这时，无论是达官显贵还是平头百姓，几乎人人家中都有“八仙桌”。对大部分家庭来说，八仙桌甚至是家中唯一一件大型家具。图 2-11-6 为八仙桌实物图。

图2-11-6　八仙桌实物图

八仙桌的流行，主要可以从结构和用途两方面解释。对于大部分家庭来说，八仙桌是最经济实用的家具，这种家具结构简单，形态方正，整体牢固，使用方便，是一种亲切、平和又不失大气的家具，能给人极强的安定感。而且，八仙桌雅俗共赏，既可“下厅堂”，又可“入厨房”。无论厅堂装饰得是否华丽典雅，无论中堂是否简单粗糙，只要有足够的空间摆上一张八仙桌，就会给人一种稳定庄重的感觉。

不过，八仙桌桌面实在过大，很少有数百年的珍贵硬木制作而成的完整桌面，所以，大部分人家的八仙桌都是整块的柴木料，或者拼接而成的小木料。

（二）八仙桌名字的起源

八仙桌指的是桌面四边长度相等，且桌面较宽的方桌，中华民族传统家具之一。大方桌每边可坐二人，四边围坐八人，所以有“八仙”的雅称。

（三）八仙桌的特点

1. 造型特点

八仙桌的造型在明朝时期趋于完善，主要有“有束腰”和“无束腰”两种形式。

“有束腰”的八仙桌，其桌面下部有一圈是收缩进去的，工艺稍微复杂，而“无束腰”的八仙桌，其四条桌腿是直接连着桌面的。到了清朝，大部分八仙桌都改成“有束腰”的，有的桌腿也从四条腿变成了三弯腿，牙板也变得更加华丽复杂，比如有的八仙桌牙板会加入拐子龙、福寿图等浮雕吉祥图案作为装饰。

2. 结构特点

八仙桌不仅实用，而且结构十分简单。一张八仙桌只需桌腿、桌边、牙板三个部分。一般来说，八仙桌的桌面边长要求在 0.9 米以上，且面心板通常为两拼（湖南湘潭一带的面心板通常为三拼），桌面边抹较宽，攒框打槽，桌面心后面装托带。除了木料外，也有用云石、瓷板做桌面的。

3. 习俗特点

福建省石狮市每逢正月初九便有“拜天公”的习俗，到了正月初九这天，石狮市的家家户户都会摆一张“八仙桌”，并在桌子上摆满各种各样的贡品。除了正月初九外，石狮市的家家户户也会在七月初七，以及家里有喜事的时候用“八仙桌”摆上供品祈福。

笔记

课程六：梳子

（一）梳子的起源

《汉书》记载：方雷氏，黄帝妃，生玄嚣，是为青阳。关于梳子的起源，有这样一个美丽而古老的传说。相传上古时代，黄帝有一个名为方雷氏的王妃，她也是开创华夏文明中凤凰图腾的黄帝长子玄嚣的母亲。方雷氏聪慧过人，温柔典雅，她掌管黄帝宫中二十多位女子。平日里，这些女子披头散发，头发十分蓬乱，可到了庆典、祭祀、出征、凯旋等部落重大节日时，她们就要由方雷氏将头发捋顺。

有一年，黄河流域发生了特大洪水，狄货（黄帝部下，发明了舟船）从洪水之中捕捞到十九条大鱼。狄货将大鱼带回部落，献给方雷氏，方雷氏便带人将大鱼烹熟，请狄货与其他人一同品尝。这些大鱼十分美味，狄货一口气吃掉三条大鱼。

很快，大鱼骨堆了一地。方雷氏见鱼骨很漂亮，便捡起一根放在手里把玩。她见鱼骨齿比较坚硬，便用它来梳理自己的披肩长发，很快，长发便被捋顺了。方雷氏大喜，便将这些鱼骨收集起来，折成短节后分发给宫中的其他女子，并教导她们如何用鱼骨梳理头发。

宫中女子很快学会了用鱼骨来梳理头发，可是，有些女子力气过大，会把鱼骨折断，有的则会被鱼骨上的短刺扎到头皮或手。方雷氏苦思冥想可以代替鱼骨的材质。

一天，方雷氏遇到了皇帝手下的一名木匠，名叫睡儿。她拿出鱼骨，请睡儿按照鱼骨的样子做一把木质鱼骨。很快，睡儿做了一把很大的木质鱼骨。做好后，睡儿满心欢喜地拿给方雷氏观看，方雷氏笑着说道："我是想用木质鱼骨梳头发，这把木质鱼骨太大了，我看倒是可以当耕种的耙子使用，还是麻烦你再做一把小巧一些的，可以用来梳头的木质鱼骨吧。"

睡儿这才明白方雷氏的意思，他立刻召来其他工匠一起商讨研究，在大家的智慧下，一把小巧精致、质地结实、尖头平滑的木质鱼骨就做好了。方雷氏拿到木质鱼骨后非常喜爱，她立刻召集宫中女子前来梳理头发。女子们使用了木质鱼骨后十分惊喜，这把小巧的木质鱼骨既舒适又便捷，很快就能将头发梳理好。

就这样，方雷氏要求睡儿做更多的木质鱼骨，并分发给大家。方雷氏还教大家如何将头发绾成发髻。就这样，不仅是女子用木梳梳头，就连军队里的男子也用木梳将头发梳理整齐，并绾成发髻，这样更加便于行军打仗，也更加方便农事劳动。

自此，中华民族开始了使用梳子的文明时代。

（二）梳子的类型

笔记

1. 梳子的材质分类

根据材质的不同，梳子可以分为枣木梳、牛角梳、桃木梳、檀木梳等。

图 2-11-7 为木梳实物图。

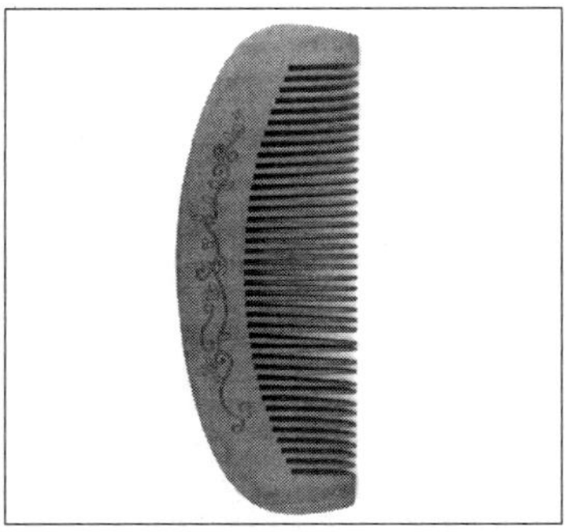

图2-11-7 木梳实物图

2. 梳子的品种分类

根据品种的不同，梳子可分为实用梳、高档精品梳、保健梳、旅游梳、工艺梳五大系列三百余个品种。梳子的造型有月形、条形、柄形、镶拼，其花样有人物、景致、花鸟等。梳子大小各异，大的有数尺，小的就几寸，各有各的妙用。人们可以用梳子梳头发，也可将其放于桌案之上赏玩观摩。

（三）梳子的主要功用

1. 梳理头发

梳子的主要用途是梳理头发，令人的容貌看上去整洁美丽。

2. 保护头发

经常梳头可以促进头发根部皮肤的血液流动，增强黑色素细胞的活性，并增加毛球黑色素细胞的数量，起到保护头发的作用。

从养生角度看，头部为“诸阳之首”，人体的经络都汇集于头部。光从穴位上看，人类头部的穴位就有几十个，约占全身穴位的四分之一。经常梳理头发，可以刺激头部的“百会穴”“四神聪穴”“上星穴”等，为头发补充营养，让头发生长得更加茂密。

在众多品种的梳子中，牛角梳是呵护秀发的最佳选择。用牛角梳梳理头发不但能祛除头皮屑污垢，还能滋养发根，加速头皮的血液循环，安神健脑，防止脱发，促进头发生长等，具有很好的保健效果。

3. 保健大脑

笔记

人的头部分布众多血管、神经与腺体，使用梳子梳头可以刺激头皮的神经末梢，让人们从紧张焦虑的状态中松弛下来。经常梳头可以促进血液循环，让毛囊、皮脂腺与汗腺都获得充分的营养，还能祛除头皮屑和油垢，保持头部清洁卫生。

（四）梳子的保健功用

1. 梳发养生

梳头可以疏通经络，活血化瘀，改善头皮及颅内营养。在出现脑部疲劳或出现紧张、兴奋、焦虑等情绪时，使用梳子梳几分钟头发，就会让人内心有轻松舒适的感受。

梳头发的方式是从额头的正前方开始，以均匀的力道向头顶、肩颈方向梳理，每次梳 100 下为佳。使用木制品与角梳，能让梳头的效果更好，也更能获得保健养生的功效。

2. 梳浴美肤

梳子不仅有硬齿梳，也有软毛梳。沐浴的时候，用软毛梳轻轻擦拭体肤，能够让汗腺、皮脂腺排泄通畅，有效清除体表已经老化的组织细胞，促进血液循环，增强抵抗力，甚至可以预防一些顽固性的皮肤病。

软毛梳多有按摩作用，在离开浴缸的 1～2 分钟后，我们就可以使用软毛梳梳洗身体了。选用长柄梳子，从远离心脏的部位开始，慢慢由外而内梳理，梳理完毕后再进行一次沐浴，可以让毛孔更加清爽。不能用力梳的部位可用化妆棉擦拭。脂肪堆积的部位要重点梳理，梳浴后会感到皮肤温热、肢体舒适、神清气爽，而且，梳浴在早起或晚睡前都可以进行。

（五）选购梳子的方法

（1）梳子需保证柔软有弹性，且不扎手，材质要坚固耐热。

（2）梳子要保证梳理头发时不损伤秀发与头皮。

（3）梳理头发时，梳子不会有静电产生。

（4）梳子的尖头要圆滑，否则会伤害头发与头皮。

（5）梳子的齿不能过密，否则会损害头发。

（6）将梳子放在手背上，以平日梳头的力度划过手背，如果有尖锐不舒服的感觉，就不应选购。

（六）梳子的使用方法

1. 角梳

牛角梳可以防静电，对头部有保健作用。使用牛角梳时，要注意不能将其浸泡在水中，否则牛角梳会出现变形的情况，也会失去光泽。

2. 大板梳

大板梳主要是梳理长发、厚发的，通常在洗头发之前使用。

笔记

3. 圆梳

圆梳主要是梳造型的时候使用的梳子。圆梳面积比较宽大，使用吹风机时，用圆梳适当地遮挡可以避免热风直接吹到头皮上。圆梳的梳齿比较细密，更适合直发、薄发人士使用。

（七）常用的梳子

1. 磁性能头皮梳

磁性能头皮梳能改善局部血液循环，防止出现脱发、头痛、头皮屑等症状。磁性能头皮梳是根据磁场的生物效应，同时与传统的脏腑经络理论相结合，设计成一边粗齿，一边细齿的结构。细齿的一侧正常梳理头发使用，粗齿一侧内置磁体，可以在梳理头发时，对头发进行磁疗。梳齿呈圆柱钝形设计，除了做头皮护理外，还可做刮痧按摩之用，有疏通经络、活血化瘀、改善头皮和颅内营养，调节大脑功能，增强脑细胞的营养，改善局部血液循环的功效。

2. 角梳

角梳又称牛角梳，顾名思义，就是用牛角制作的梳子。牛角梳有清火凉血，镇痛止痒，防止静电，不脱发，舒筋活血，安神健脑，促进头发生长等独特的保健作用。使用牛角梳梳理头发，能做到去垢而不沾，解痒而不痛，温润而不挂发，能有效预防头发营养不良而致长白发、黄发和脱发。

3. 檀木梳

檀木梳自带一股幽香，且质地坚硬耐用，因民间有“檀木梳辟邪”的说法，所以“檀木梳”又有“圣檀梳”的雅称。目前，世界上仅存沈檀、檀香、绿檀、紫檀、黑檀、红檀等檀木，而且数量非常有限，尤其是绿檀、紫檀等，更是檀木中的上品，用绿檀和紫檀制成的梳子价值不菲，制作精美，受到了人们的广泛欢迎。

4. 桃木梳子

古时候，人们经常将桃木用作“伐邪制鬼”的材料，所以，桃木又有“仙木”之说。古人认为，种植桃木可以驱鬼，在门上插桃枝可以辟邪，用桃枝洗澡可以去晦气，而用桃木制成梳子，可以保护头发，提神清脑，延年益寿。事实上，用桃木制作的梳子手感舒适且无静电，确实是不错的选择。

笔记

5. 发雕梳

在塑造发型的时候，发雕梳能消除毛躁，还不容易拉扯头发。如果将美发产品涂抹在发雕梳上梳头，还能达到均匀亮发的目的。

6. 九排梳

虽然九排梳有“九排”之说，但这里的“九排”只是一个泛指，指的是梳齿很多的梳子。九排梳既能穿透厚重的长发，也能防止扯断头发。

7. 圆铝梳

圆铝梳发筒上的细孔设计，能将空气梳到头发里，增加层次感。为了满足此需求，圆铝梳大多为镂空设计的金属材质，这样散热快，透气性也很好。

8. 按摩梳

按摩梳通常是鼓鼓的气垫梳子，气垫在梳齿下，能够有效缓冲梳头时的力道。人们用按摩梳来按摩头皮，能促进头皮的血液循环，达到消除疲劳的目的。

（八）梳子的意义

（1）在古代，梳子有相思的含义，收到梳子，代表对方正在思念、牵挂你。

（2）梳子象征爱情，通常作为定情之物送给心仪之人，代表自己渴望与对方白头偕老。

（3）梳子有扫除烦恼，令人神清气爽之说，故而也代表着健康快乐。

（4）梳子能将头发梳顺，故而也有“顺”“发”的意思。

课程七：篦子

（一）篦子的释义

与梳子造型不同，篦子是中间有柄，两侧有细密篦齿的一种竹制的梳头用具。可以说，篦子是一种特殊的梳子，不过，篦子的篦齿要比梳子更加细密。

（二）篦子的功能

1. 梳头功能

篦子并非为梳理头发使用，而是为了将藏在头发中的虱子与头皮屑篦掉。

图 2-11-8 为篦子实物图。

图2-11-8　篦子实物图

笔记

2. 定情信物

古时候，篦子是女子的闺中之物。所以，篦子除却原本的功效外，又兼具定情的功效。女子以篦子赠与男子，就等于向男子表达了自己的爱意。男子以篦子赠与女子，也表示自己将请人上门提亲，让女子做好准备。

3. 纪念品

篦子的实用性随着人们生活水平的不断提高而逐渐丧失，如今，篦子更多是以其精湛的制作工艺与独特的外观，作为人们的收藏之用。故而，在一些旅游景区，篦子的销量会格外之高。

（三）篦子的制作环节

1. 办齿子

制作篦子时，材料最好选用白甲竹。工匠会用刀劈开竹子，削掉青皮，划成一节一节的形状，然后用云刀将其削成大小、薄厚大致相等的小片，随后用细线，将篦齿扎成坯子，最后用特制的牛胶，将两片篦齿排粘到竹柄上就算完成。

2. 办梁子

“梁子”，即篦子中间的竹柄，其材质通常为白荚竹的根部。篦子的竹柄都有一定的规格，取白荚竹根部刮青后锯成节，再破成块，按照固定的规格进行削制。高档的篦子，还有专门的手艺匠人在狭窄的竹柄上或作诗，或作画，以此提高篦子的美观程度。

3. 办档子

因为牛骨韧性好，耐磨损，所以篦子的“档子”通常选用牛骨为原料。工匠会按照篦子的规格将牛骨锯成一厘米宽的小片，经过仔细的打磨后，篦子的档子就制作完成了。

笔记

参考文献

［1］深化新时代教育评价改革总体方案［M］. 北京：人民出版社，2020.

［2］中共中央国务院关于全面加强新时代大中小学劳动教育的意见［M］. 北京：人民出版社，2020.

［3］李滢 . 中小学生劳动教育知识［M］. 北京：应急管理出版社，2021.

［4］檀传宝 . 你不全知道的劳动世界［M］. 北京：中国劳动社会保障出版社，2020.

［5］王忠俊 . 农具之光［M］. 北京：未来出版社，2018.

［6］刘宏森 . 青少年劳动教育教什么？［J］. 劳动教育评论，2020（4）：45.

［7］董琳 . 新时代高校劳动教育课程实现路径［J］. 科教文汇，2020（12）：81.